학교에 비거니즘을

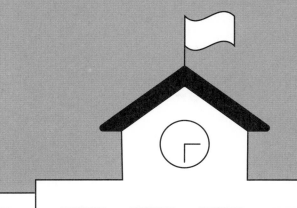

표지 설명

재생지 느낌이 나는 베이지색 바탕. 표지 중앙에는 눈·코·입, 팔과 다리가 달린 지구 캐릭터가 사람의 손바닥 위에 올려진 채 공중에 떠 있다. 흰 운동화를 신은 지구는 두 손을 볼 가까이 대고 정면을 바라보며 놀랍고 기쁜 표정을 짓고 있다. 지구 아래에는 초록색 깃발이 꽂힌 학교 건물이 그려져 있고, 지구 주변에는 마름모꼴의 반짝이는 도형들이 떠다닌다. 그중 몇몇은 보라색 홀로그램으로 빛나고 있고, 그 속에서 브로콜리가 담긴 손바닥, 초록색 포크, 초록색 펜으로 노트에 글귀를 적는 손이 튀어나와 있다. 먹을거리부터 읽고 생각하는 일까지 비거니즘 교육이 고려해야 할 것들을 상징하는 듯하다. 지구의 정수리 위에는 '유치원부터 고등학교까지, 비건 교사들의 일곱 빛깔 비거니즘 교육 탐험기'라는 부제가, 그 위에는 '학교에 비거니즘을'이라는 책 제목이 적혀 있다. 제목의 서체는 올록볼록하고 꿈틀거리는 느낌이다.

학교에 비거니즘을

유치원부터 고등학교까지,
비건 교사들의 일곱 빛깔 비거니즘 교육 탐험기

비건교사나는냥 지음

Ⓗ

'비건교사나는낭'으로 모이다

'좋은 어른'에 대한 고민

모든 어린이가 내 어린 시절 같았다. 어떤 어린이는 느려서, 어떤 어린이는 호기심이 많아서, 어떤 어린이는 소심해서, 또는 욕심이 많아서, 질투가 많아서 나 같았다. 수많은 '나' 사이에서 몸만 커 버렸을 뿐 한없이 모자란 나를 선생님이라 불러 주며 무한한 애정을 쏟아 내는 어린이들이 고마웠다. 세상이 무너진 듯 울던 학기 초와는 다르게, 앙금앙금 씩씩하게 기어 와 눈을 맞추며 세상을 다 가진 듯한 미소를 활짝 지어 보이는, 하루가 다르게 자라는 영아들을 보고 있으면 오늘의 나는 얼마큼 성장했나 돌아보게 되곤 했다. 같은 반 혹은 같은 유치원 선생님이라는 이유로 자신이 가진 가장 다정한 말로 관심을 건네는 유아들을 만나며 그 마음에 보답하고 싶어서라도 부끄럽지 않은 '좋은 어른'이 되고 싶었다.

"선생님, 오늘은 미세 먼지 좋아요?"

어느 날부터 어린이들은 등원하면 미세 먼지를 확인하기 시작했다. 일상이 놀이이고, 놀이를 통해 배우는 어린이들에게 매일의 가장 큰 이슈는 '오늘은 바깥 놀이를 할 수 있느냐' 였다. 하지만 기대와는 다르게 밖에서 놀 수 없는 날이 점점 늘어 갔다. 지구온난화와 이상기후라는 말을 지나 기후 위기라는 말이 들리기 시작했고, 이제는 코로나19와 같은 전염병이 전 세계적으로 유행하고 있다. 어린이들은 마음 놓고 밖에서 더는 놀 수 없게 되었다.

"고기를 먹는 것은 우리의 미래를 훔치는 것입니다." 우연히 본 영상에서 그레타 툰베리Greta Thunberg가 말했다. 툰베리는 청소년 시절 기후 위기의 심각성을 느끼고 매주 금요일에 등교를 거부하는 운동을 시작해 세계적인 반향을 불러일으킨 환경 운동가다. 그는 기후 위기의 주범인 공장식 축산과 축산업을 공고하게 만드는 기성세대의 소비 습관을 강력하게 비판했다. 그의 말을 들으며 '어른'이라면 당연하게 누려야 한다고 여겼던 육식 소비가 기후 위기와 팬데믹이라는 나비효과가 되어 어린이들이 뛰놀 기회를 빼앗고 있다는 사실을 알게 되었다. 어린이들은 미래가 아닌 현재를 도둑맞고 있었다. 교육을 전공한 사람으로서, 기성세대로서 그간 어린이를 위하는 것이 무엇인지 고민해 왔다고 생각했지만, 사실은 너무 무심했고 제대로 알려고 하지 않았음을 깨달았다. 어린이들에게 미안했다.

기후 위기 시대에 '비건'을 실천하는 것은 이제는 선택이 아닌 필수라고 생각했다. '비거니즘'은 동물에 대한 모든 형태의 착취와 학대를 배제하려는 생활양식이자 철학이다. 단순히 동물을 좋아해서 혹은 본인의 건강 때문에 비건을 선택하기도 하지만, 사람들이 비거니즘을 지향하는 이유는 더 다양하고 복합적이다. 동물에게도 인권과 같은 권리가 있다는 관점에서 동물 착취를 거부하기도 하고, 과도한 육식에 따른 환경 파괴를 막으려고 비건이 되기도 한다. 또 여성과 동물에 대한 폭력과 억압의 교차성을 성찰하는 여성주의적 비거니즘도 있다. 하지만 어느 관점에서 접근하든, 지구에서 살아가는 모두의 지속 가능한 삶을 위한다면 비거니즘을 고민하고 고려하지 않을 수 없다.

교사라는 정체성을 가진 이상, 현재를 살아가는 어린이와도 비거니즘에 관해 이야기 나누고 싶다고 생각했다. 아니, 나누어야 한다고 생각했다. 하지만 경제력을 갖고 있지 않은 어린이들과 공장식 축산의 잔혹한 현실을 어디서부터 어디까지 공유할 수 있을까? 어린이와 함께 비거니즘을 알아 가려면 어떻게 해야 할까? 육식 위주의 세상에서 어린이와 청소년이 스스로 비건을 선택하고 실천하는 게 가능할까?

　무언가를 시도해 보기 전부터 내 안에 너무 많은 질문이 떠올랐다. 마음은 있는데 어떻게 해야 할지 막연했다. 고민만 하는 내가 무기력하게 느껴지기도 했다. 무엇보다 나 혼자만 이런 고민을 하는 것 같아 너무 외로웠다.

비건 교사를 찾습니다!

　'비거니즘', '어린이', '교육'. 세 가지 키워드에 모두 관심이 있는 사람이 몇이나 될까? 교육 현장의 동료 선생님들은 대부분 어린이와 교육엔 관심이 있지만 비건엔 관심이 없었고, 비건을 실천하는 친구들은 비건 식당이나 제품 같은 개인적 실천에 도움이 될 정보에는 관심이 많았지만 어린이나 교육에는 관심이 없었다. 사실 세 가지 키워드에 모두 관심이 있던 나도 크게 다를 건 없었다. 육식 위주의 세상에 만연한 비건에 대한 편견에 홀로 맞설 용기가 없었기 때문이다. 특히 교육 현장에서는 더 그랬다. 그냥 남들 하는 만큼만 하고 살까 싶다가도 이대로 마냥 비겁하게 살기는 싫었다. 마음 한편에는 늘 조급하고 불안한 마음이 있었다. 누군가에게 물어보고 싶어도 물어볼 사람이 없었고, 고민을 나누고 싶어도 함께 고민해 줄 이가 없었다. 외롭고 답답했다.

2021년 4월, SNS에 '비건교사나는냥' 계정을 만들어 온라인 이야기 모임에 참여할 사람을 모집하는 글을 올렸다. "비건 교사를 찾습니다!" 비건교사나는냥의 첫 게시 글이었다. 함께 고민할 이들을 찾아보기로 한 것이다. 모임의 성격을 직관적으로 드러내고자 모임 이름에 '교사'를 넣었지만, '어린이와 함께하는 즐겁고 건강한 비건 생활'을 고민하고 있거나 고민해 본 경험이 있는 사람이라면 누구든지 참여할 수 있는 모임이었다.

네다섯 명 정도 모여서 도란도란 이야기 나누게 될 줄 알았던 첫 모임에 마흔 명 넘게 신청했다. 참여 신청 문의가 더 있었지만 혼자서는 신청자 수를 감당할 수 없을 것 같아 서둘러 마감했다. 첫 게시물인데도 예상보다 많은 이가 반응하는 것을 보고 '어린이-비거니즘-교육'에 관심을 가진 이가 생각보다 많다는 사실에 기뻤다.

모임 날엔 교사와 양육자뿐 아니라 조카를 둔 이모, 프리랜서, 환경·생태 책 저자까지 어린이를 만나는 방식도, 관계 맺는 어린이의 연령대도 저마다 다른 다양한 사람이 모였다. 다들 이 시간만을 기다렸다는 듯이 각자의 경험담을 쏟아 냈다. 먼저 겪어 본 이들의 경험, 결이 비슷한 고민에 저절로 고개가 끄덕였다. 모두가 각자 속한 곳에서 누구보다 치열하게 고민하고 있었다. 혼자만 고민했던 게 아니라는 생각에 마음이 일렁였다. 서로의 존재를 확인하는 것만으로도 위안을 얻는 기분이었다. 그리고 무엇보다 '교육'은 교사나 양육자만의 몫이 아니라 사회를 구성하는 모든 이가 함께 고민해야 하는 일임을 다시 한번 깨닫게 되었다. 같은 것을 지향하는 이들이 한자리에 모여 머리를 맞대고 고민하고 말하는 것이 얼마나 큰 힘을 가지는지 새삼 느끼게 되는 자리였다.

한 번으로 끝내고 싶지 않은 모임이었다. 그간 홀로 고민하며 답답하고 외로웠던 마음이 해소되려면 더 다양한 모임이 더 자주, 많이 필요했다. 하지만 양질의 모임을 만드는 것은 혼자서 할 수 있는 일이 아니었다. 비건교사나는냥의 모임을 함께 만들어 갈 동료를 모집하기로 했다. 그리고 두 번째 모집 글을 올렸다. "동료를 찾습니다!"

2021년 6월, 동료 모집을 통해 마침내 '우리'가 된 비건교사나는냥의 첫 모임이 열렸다.

이야기의 힘

첫 모임에는 스무 명가량이 모였다. 우리는 각자 평소에 '비거니즘 교육'을 고민하며 필요하다고 생각했던 것을 중심으로 소모임을 만들었다. 비거니즘 창작 동화, 비거니즘 창작 동요, 비거니즘 동아리 활동 자료 제작부터 비거니즘 콘텐츠 아카이빙 모임까지 첫해엔 네 개의 프로젝트성 소모임이 생겼다. 당시 한참 코로나19가 심하게 유행하던 시기라 모든 모임은 온라인으로 진행되었는데, 그 덕분에 지방이나 해외에 있는 동료들과도 넓게 연결될 수 있어 오히려 좋았다.

꾸준히 모이는 행위는 그 자체로도 의미가 있었지만, 연말쯤 되니 결과물이 나왔다. 동요와 동화 같은 어린이용 콘텐츠를 직접 제작하기도 하고, 다양한 콘텐츠를 모아 어떤 식으로 비거니즘 교육에 활용할 수 있는지 리뷰하기도 했다. 각 모임의 결과물은 비건교사나는냥의 블로그나 유튜브 등에 올려 비거니즘 교육 및 양육에 널리 활용할 수 있도록 했다.

이후로도 우리는 연초마다 새로운 동료를 모집해 다양한 프로젝트를 기획하고 실행하며 모임을 꾸준히 이어 오고 있다. 또 카카오톡 오픈 채팅방을 만들어 서로 비거니즘 정보를 주고받거나 온라인 이야기 모임이나 독서 모임, 오프라인 모임 등을 기획해 더 많은 이와 더 넓게 소통하려고 노력 중이다.

비건교사나는냥의 모임은 주로 '이야기'를 중심으로 이루어진다. 그간 하고 싶었던 비거니즘 관련 이야기를 함께 나누거나 비거니즘을 주제로 한 이야기를 콘텐츠로 제작하거나 비거니즘 관련 콘텐츠를 수집하는 활동을 함께한다. 이야기에는 힘이 있다. 너와 나를 연결하는 힘, 그리고 연결된 각자의 세상을 통해 가려진 세상까지도 상상할 수 있게 하는 힘이 있다고 믿는다. 육식 위주의 세상이지만, 약육강식의 법칙보다는 공존과 연대의 방식을 선택한 이들이 모인 비건교사나는냥에서 주고발은 이야기들은 미처 몰랐지만 알아야 할 더 넓은 세계를 보게 해 주었고, 더 나은 미래를 꿈꾸며 나아갈 힘을 주었다.

비건교사나는냥의 로고는 길벗체를 사용해 만들었다. 길벗체는 퀴어 활동가이자 퀴어 자긍심의 상징인 무지개 깃발을 고안한 예술가 길버트 베이커Gilbert Baker를 기리며 만들어진 길버트체의 한글판 서체다. 다양성을 존중하는 사회를 향한 여정을 함께하는 '길벗'이라는 의미를 담고 있기도 하다. 길벗체에 담긴 이러한 의미는 비건교사나는냥이 지향하는 바와도 잘 어우러진다고 생각한다. 교실 안의 문화를 만드는 교사도, 가정 안의 문화를 만드는 양육자도, 콘텐츠를 만드는 예술가도, 각자의 자리에서 문화를 만들고 소비하며 유지하는 우리 모두도 누구든지 다양성을 존중하는 사회를 향해 가는 서로의 '길벗'이 될 수 있다. 나의 이야기와 당신의 이야기, 우리의 이야기가 모였을 때의 힘을 믿는다.

느끼는 모두를 사랑할 거야, 느끼는 우리로 살아갈 거야

대학 시절, 한 수업의 첫 시간에 자기소개를 하는 시간이 있었다. 간략한 인사와 함께 이름을 말하는 평범한 자기소개가 아니었다. 어떤 대상에 빗대어 나를 소개해야 했다. 나를 어떻게 소개할 수 있을까 고민하다가 나는 '양파' 같은 사람이라고 소개했다. 양파! 우리가 흔히 알고 있는 식재료 양파 말이다.

　양파는 그 자체로는 매운맛이 강하다. 이 풍진세상에 홀로 화가 잔뜩 나 있는 나처럼 말이다. 하지만 양파를 다른 식재료와 함께 볶거나 끓이면 매운맛은 사라지고 그 맛도 달라진다. 토마토와 함께 끓이면 토마토 맛이 나고 카레에 넣으면 카레 맛이, 된장국에 들어가면 된장 맛이, 간장과 만나면 간장 맛이 난다. 주변의 맛을 그대로 흡수하는 양파의 모습이 꼭 주변 사람들의 영향을 많이 받는 내 모습 같았다. 그렇게 나를 소개한 이후 쭉 닮고 싶은 동료를 찾아다녔다. 내 주변에 어떤 사람이 함께하면 좋을까? 어떤 이들과 함께해야 내가 가진 맛과 향이 내 마음에 쏙 들까? 그렇게 만난 비건교사나는냥 팀원들이 내게는 가장 닮고 싶은 동료들이다.

　이 책에는 비건교사나는냥으로 모인 팀원 중 일곱 선생님의 이야기를 담았다. 어린이집, 유치원, 초·중·고등학교까지 다양한 교육기관에서 어린이·청소년과 함께 멀리 보고 넓게 듣고자 노력했던 각자의 시간이 담겨 있다. 동료 시민으로서 어린이·청소년과 비거니즘의 가치를 나누고 더 알아 가며 겪은 고민과 어려움을 다양한 각도에서 다룬 글이자 그럼에도 불구하고 다시 힘을 내고 또 실패하고, 또다시 고민해 온 과정의 이야기다.

　실패를 나누는 것, 실패의 과정에서 마주친 고민을 나누는 것은 다음 단계로 나아가기 위한 시작이라고 생각한다. 실패는 곧 실천이다. 우리는 더 많이 실패하고 더 많이 말하고 더 많이 연결되어야 한다. 따로 또 함께했던 우리의 이야기를 담은 이 책이 교육·양육의 현장에서 실천을 망설이는 누군가의 '시작'에 용기를 불어넣어 주기를, 나아가 같은 고민을 품은 서로를 폭넓게 연결하는 계기가 되기를 바란다.

비건교사나는냥에서 만든 첫 비거니즘 창작 동요 〈원하는 대로〉의 후렴 부분에는 이런 외침이 나온다. "느끼는 모두를 사랑할 거야, 느끼는 우리로 살아갈 거야!" 다정한 고백 같기도 하고, 결연한 다짐 같기도 한 이 문장을 곱씹으며 비건교사나는냥이 매년 모임을 지속할 수 있었던 이유를 생각해 본다. 그리고 어떤 방식으로 사랑하고, 어떻게 살아가야 하는지 끊임없이 고민하는 이들이 만들고 싶어하는 세상을 상상해 본다.

어린이, 청소년, 여성, 성소수자, 장애인, 난민, 빈민, 비인간 동물 등 약자들의 이야기가 지워지지 않는 사회, 조금 다르다는 이유로 소외당하지 않고 있는 그대로 존중받는 사회. 비건교사나는냥에 모인 이들이 바라는 세상은 그런 세상이 아닐까. 우리가 살아가는 세상이 오늘보다는 내일 조금 더 나은 모습이었으면 하는 마음, 혼란한 세상에서도 다정함을 잃지 않으려는 마음, 나중에 태어난 이들에게 차별 없는 세상을 보여 주고 싶은 마음이 모이는 곳이 '비건교사나는냥'이 아닐까 생각해 본다.

앞으로도 비건교사나는냥을 통해 더 많은 이와 연결되길

학교에 비거니즘을

바란다. 비록 한 줌일지라도 그 과정에서 서로를 존중하는 우리만의 문화가 쌓이고 쌓여 잦고 작은 변화를 만들어 가기를, 누군가의 고통을 더는 자연스러운 것이라 여기지 않는, 차별 없는 세상을 만나게 되기를 바란다. 그런 날이 오기까지 우리의 이야기는 어떤 형태로든 계속되어야 한다. 더 많은 사람이 함께 모여 어린이·청소년과 비건, 그리고 교육에 대해 생각하는 시간이 많아지길, 그리고 우리의 이야기가 지금 이 책을 읽고 있는 당신과 연결되어 또 다른 이야기로 이어지길 기대해 본다.

집필진을 대신하여,
양정아

차례

3부
수업에서 비거니즘 다루기

1부

오늘도 갈팡질팡

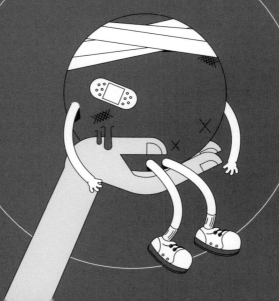

당연함의 탄생

당연한 것은 어떻게 당연해졌을까?

"선생님은 여자예요?"

그림 그리기에 열중하던 만 3세 가영이가 내게 물었다. 만 1세 반 교실에서 통합 연령의 영유아들과 함께 자유 선택 활동을 하고 있을 때였다. 처음 받아 본 질문에 당황스러우면서도 이토록 성 정체성에 편견이 없는 어린이라니 싶었다. 하지만 왜 그런 질문을 했는지 의아한 마음이 들어 물었다.

"선생님은, 여자지! 그런데 왜 물어본 거야?"

그러자 가영이는 생각지도 못한 답을 했다.

"안경을 써서요! 안경은 아빠들만 쓰는데?"

가영이는 만 1세 영아반 교실 사물함에 붙어 있는 가족사진들을 가리키며 말했다. 안경은 아빠, 즉 남성들만 쓰는 것이라서 안경을 쓴 내가 남자일 수도 있다고 생각했다는 것이다. 그제야 영아반 어린이들의 가족사진이 눈에 들어왔다. 하나하나 둘러보니 정말로 엄마 중에는 안경을 쓴 사람이 없었고, 아빠들만이 간간이 안경을 쓰고 있었다. 생각해 보니 당시 어린이집에는 원장님을 포함해 스무 명이 넘는 교사들이 있었고 모두 여자였는데, 그중 안경을 쓴 교사는 나뿐이었다. 순간 그동안 가영이가 만나 온 세상이 어떤 모습이었을지 생각하게 됐다. 가영이의 세상에선 여성이 안경을 쓰는 것이 '당연하지 않은 것'이었던 게 아닐까? 가영이의 주변에 안경을 쓴 여성이 나 말고 또 있었다면 어땠을까?

나는 가영이에게 '안경은 대부분 또렷하게 보고 싶을 때 사용하는 것이기 때문에, 여자든 남자든 누구나 상관없이 쓸 수 있다'라고 설명했다. 내 말에 고개를 끄덕이던 가영이는 다시 한동안 그림 그리기에 열중했고, 하원할 때쯤 선생님을 그렸다며 그림 선물을 내밀었다. 가영이가 그린 그림 속의 나는 허리가 잘록한 치마를 입고 머리카락을 길게 늘어뜨려 묶은 채 반짝이는 진주 목걸이를 두르고 있었다. 안경은 쓰지 않은 채 말이다. 활동하기 편해서 늘 바지만 입고 다니던 내 모습과는 너무나 달랐다.

어린이들은 교육자 혹은 양육자가 가르치는 것만 배우지

않는다. 일상 속 어른들의 모습이나 주변 문화를 보고 겪으며 세상을 알아 간다. 아무리 '어떤 옷을 입는지, 어떤 물건을 착용하는지는 성별과 상관없다'라고 가르친다 해도 일상에서 안경을 쓴 성인 여성을 볼 수 없다면 어린이는 어떤 것이 당연하다고 생각하게 될까?

일상에 당연한 듯 스며 있는 성차별은 육식의 모습(종 차별)과 닮았다. 우리는 모든 생명은 소중하며 인간이 아닌 동물들도 행복과 고통, 사랑과 같은 감정을 느낄 수 있고 기억할 수 있으며 생각할 수 있다고 말하면서도 동물들의 고기를 먹는다. 안경은 성별에 상관없이 사용할 수 있는 것이라고 말하면서 주변에서는 안경을 쓴 여성을 많이 볼 수 없는 것처럼 말이다.

개구리의 특성을 알아보려 개구리처럼 뛰어 보는 신체 놀이를 하다가도 올챙이를 잡아 와 교실에서 키우며 관찰하게 하고, 아기 상어의 가족이 나오는 동요를 부르면서 동물원의 돌고래 쇼를 보러 간다. 엄마를 애타게 찾는 어린 송아지 동요에 맞춰 엉덩이춤을 추면서 간식으로 우유를 먹게 한다. 개와 고양이, 앵무새는 사랑하면서 돼지와 소, 닭은 먹게 한다.

비인간 동물과 '함께 살아가는' 세상에서 우리는 어떤 것을 가르치고 있을까? 왜 어떤 종을 착취하는 건 당연하고 어떤 종은 당연하지 않다고 여길까? 가르치는 것과 보고 듣는 것이 다른 세상에서 어린이들은 동물을 어떻게 대해야 한다고 배우게 될까?

우리는 어떻게 논비건으로 길러질까?

"선생님, 동물이 이상해요!"

유치원 현장학습으로 동물원에 갔던 어느 날, 철창 안의 동물을 가리키며 한 어린이가 외쳤다. 어린이의 외침에 바라본 철창 안에서는 원숭이 한 마리가 철창을 부여잡고 고개를 왼쪽, 오른쪽으로 반복하며 흔드는 알 수 없는 행동을 하고 있었다. 그 모습을 본 어떤 어린이는 우스꽝스럽다는 듯 깔깔 웃기도 했고, 어떤 어린이는 걱정스러운 얼굴로 바라보기도 했다. 동물원의 동물들이 스트레스로 인해 같은 행동을 아무런 목적 없이 반복한다(정형 행동)는 기사를 본 적이 있기에 마음이 좋지 않았다. 동물원이 동물들에게 얼마나 큰 스트레스를 주고 있는지, 어린이들이 정말로 보고 싶어 하는 동물들의 모습이 과연 이런 모습일지 고민하게 됐다.

유치원 혹은 어린이집 생활에서 매년 빠지지 않는 주제는 '동물'이다. 어린이들의 일상 속 많은 순간에 동물이 등장하기 때문이다. 동물원에 놀러 가지 않더라도 실외 놀이에서 참새나 청설모와 같은 동물들을 볼 수 있고, 놀이 활동이나 놀이 교구, 각종 동화나 동요에도 동물이 나온다. 최근에는 반려동물 동반 인구도 점점 늘고 있어 가정에서 반려동물과 함께 생활하는 어린이도 적지 않다. 우리는 의식하든 의식하지 않든 다양한 비인간 동물과 함께 살아가고 있다. 그렇다면 우리는 우리 곁에 살고 있는 비인간 동물을 어떻게 대하고 있을까? 동물들과 더불어 살아가려면 어떻게 해야 한다고 가르쳐야 할까?

최근 인류세Anthropocene라는 말을 알게 되었다. 인류세란 지질학자 파울 크뤼천Paul Crutzen이 2000년대에 처음 제안한 개념으로, 인류가 지구환경에 큰 영향을 미치기 시작한 시점인 1950년대를 기점으로 별개의 지질시대로 구분해야 한다는 주장에서 비롯되었다. 인류세의 가장 큰 특징은 '인류에 의한 자연환경 파괴'라고 한다. 인류가 전에 없던 방식으로 지구환경을 바꿔 놓았다는 것이다.

이때 인류세를 다른 지질시대와 구분 짓는 '지표 화석'으로 유력한 후보 중 하나가 바로 '닭 뼈'라고 한다. 오늘날 닭은 먹거리로써 어마어마하게 소비되고 있는 동물이다. 옥스퍼드 대학이 운영하는 통계 사이트 아워 월드 인 데이터Our World in Data에 따르면 전 세계에서 하루 동안 도살되는 닭이 2억 200만 마리에 달한다. 인류가 지구에 머문 시간을 대표하는 것이 '먹거리로 희생된 어떤 생명의 뼈'일 수도 있다고 생각하니 씁쓸해졌다.

동물을 먹는 게 자연스러운 세상이다. 왜 우리는 동물의 살, 고기를 먹을까? 많은 사람이 이렇게 말한다. '고기 맛을 좋아하기 때문에', '그 맛을 포기할 수 없어서' 육식을 지속한다고, 채식만으로는 살 수 없을 것 같다고 말이다. 하지만 이는 채식의 무궁무진한 맛의 세계를 알려고 하지 않았기에 할 수 있는 말이다. 육식은 맛있고 채식은 맛없다는 편견은 어디서부터 시작되는 걸까? 입맛이란 타고나는 것일까?

만 0세 영아들의 식사 모습을 함께 들여다보자. 돌이 지나기 전인 만 0세 영아는 치아가 나기 전엔 모유 혹은 분유, 으깬 감자나 고구마, 채소가 잘게 다져진 이유식 순으로 먹게 된다. 치아가 나기 시작하면 일반식을 잘게 잘라 먹는데, 이때 영아는 새로운 맛과 식감을 경험하게 된다. 영아기 어린이들의 식사 모습을 떠올리는 것은 어렵지 않을 테다. 양육자가 숟가락에 음식을 얹은 채 비행기를 날리듯 "슝~" 소리를 내며 영아의 입속으로 쏙 넣어 주거나 "우와, 잘 먹는다!", "냠, 냠.", "아, 맛있다!"를 외치며 먹여 주는 모습들 말이다. 이렇게 먹이다 보면 영아가 처음엔 낯설어했던 맛과 식감도 어느 순간부터 그 맛에 '길들여져' 잘 먹게 되는 모습을 볼 수 있다.

왜 맛에 '길들여지다'라고 표현했느냐면 영아들의 식사 시간에서 발견한 공통점 때문이다. 그 공통점은 영아들의 시선인데, 음식을 먹여 주던 순간에 영아들이 바라보는 곳이 모두 같았다. 바로 음식을 먹여 주는 어른들의 표정이다. 영아가 음식을 입에 넣었을 때, 그것을 입에 머금고 있을 때, 씹고 있을 때, 삼켰을 때 혹은 뱉어 버렸을 때, 행동에 따라 기대감에 밝아지기도 하고 아쉬움에 시무룩해지기도 하는 어른들의 표정 말이다.

앞니만 겨우 나온 영아들은 당연하게도 대체로 단단하거

학교에 비거니즘을

나 질긴 식감을 낯설어한다. 이런 식감은 주로 고기나 나물 같은 것에서 느껴지는데, 이런 음식을 주면 영아들은 대부분 인상을 찌푸리며 먹지 않으려고 한다. 뱉어 버리거나 입을 꾹 다물고 고개를 돌린다. 하지만 영아가 음식을 뱉었을 때 어른들의 반응은 그 음식이 무엇인지에 따라 매우 다르다. 김치나 나물을 뱉었을 때는 그럴 수 있다며 더는 먹이지 않는다. 먹어도 그만, 안 먹어도 그만인 경우가 많다. 하지만 고기를 뱉었을 땐 다르다. 여러 번 다시 시도하고, 그래도 먹지 않으면 아쉬워하고, 왜 이 맛있는 걸 안 먹느냐며 의아해한다. 왜냐하면 고기를 영아에게 꼭 먹여야 한다고 생각하며 일부러 비싼 값을 주고 구매하기 때문이다. 그래서 더욱 영아가 잘 먹어 주기를(잘 먹어 줄 거라고) 기대하는 경우가 많다.

상호작용으로 가득 찬 영아기의 식사 시간에 어른들의 표정, 몸짓 등 모든 비언어적 메시지는 곧 교육이고, 배움이 된다. 음식에 따라 달라지는 어른들의 반응은 영아의 표정에도 영향을 주곤 한다. 그렇다면 이러한 반복된 경험과 자극이 쌓이다 보면 영아는 그 맛을 어떻게 기억하게 될까? 결국 이런 상호작용으로 만들어진 '맛의 기억'이 '입맛'이 되는 것은 아닐까? 마치 우리가 기념일에는 온 가족이 함께 모여 고기를 구워야 한다거나 날씨가 좋은 날엔 강변에서 '치맥'을, 스포츠 게임의 승리를 축하할 땐 '치킨'을 먹어야 한다고 자연스레 떠올리는 것처럼 말이다.

어쩌면 우리는 아주 어릴 때부터 '논비건non-vegan'으로 길러지고 있는지도 모른다. 그리고 우리도 모르는 사이에 비언어적 메시지를 통해 육식은 맛있고 채식은 남겨도 되는 거라고 어린이들에게 가르치고 있었는지도 모른다. 채식으로도 충분히 다채로운 맛을 구현할 수 있고 사실 맛있는 맛은 과일이나 채소에서 오는 경우가 많은데도 말이다. 그렇다면 채식이 정말로 맛이 없는지, 육식이 정말로 포기 못 할 정도의 맛인지, 분위기를 이유로 혹은 건강해진다는 속설을 이유로 그 맛에 길든 것은 아닐지, 자신이 정말로 좋아하는 맛은 어떤 재료에서 온 맛인지 한 번쯤은 다시 생각해 볼 필요가 있지 않을까? 그리고 어린이에게도 그런 기회가 주어져야 하지 않을까?

인간은 태어날 때부터 악할까?

인간을 사랑할 수 있을까, 고민하던 날들이 있었다. 혼란하고 시끄러운 세상에서 말도 안 되고 화가 나는 소식을 접하다가 어린이들의 놀이 모습에서 폭력성과 영악함을 볼 때면 더욱 그랬다. 소심한 친구를 은밀한 곳에서 괴롭히거나 체구가 작거나 여성인 친구만 무시하며 힘을 과시하는 일부 어린이를 볼 때 특히 그랬고, 동물을 괴롭히는 어린이를 볼 때도 생각이 많아지곤 했다. '인간은 태어날 때부터 악한 것일까?'

어린이가 동물을 괴롭히는 행동은 예를 들어 이런 것들인데, 줄지어 지나가는 개미를 손가락으로 콕콕 눌러 잡는다거나 개미집 입구에 물을 한가득 붓고는 허둥지둥하는 개미를 보며 재밌어하는 것, 거미줄을 끊고는 그 위에 있던 거미의 반응을 보며 즐거워하는 것 등이다. 물론 모든 어린이가 동물을 괴롭히는 것은 아니고, 그런 행동을 말리는 어린이도 종종 있다. 하지만 친구를 말리면서도 시선은 친구가 아니라 노골적으로 나를 향해 있는 것을 볼 때면 정말로 동물이 걱정되는 것인지, 교사에게 잘 보이고 싶어서는 아닌지, 교사가 없는 곳에서도 과연 같은 모습일지 생각하게 된다.

나를 포함한 꽤 많은 유치원 교사가 종종 우스갯소리로 하는 말이 있다. '성악설'을 믿게 됐다는 말이다. 왜 인간은 자신보다 약한 존재를 괴롭히는 것일까? 심지어 거기서 재미를 느낀다니! 어린이는 인간 본연의 모습과 가장 가까운, 가장 순수한 시기로 여겨지곤 한다. 어린이들에게서 순백의 모습만 기대하는 것은 잘못된 태도일 테지만, 어리석게도 나는 오랫동안 그런 기대를 품고 여러 어린이를 만나 오며 매해 새롭게 성악설 신봉자가 됐다.

유치원 교사가 인간을 태어날 때부터 악한 존재로 본다니? 나 같은 사람이 유치원 교사를 해도 되는 걸까 싶었다. 그럼에도 성악설을 부정할 수 없었던 또 다른 이유는 나의 어린 시절이 떠올라서다. 나도 어릴 적 나와는 다르게 생긴, 살아 있는 작은 존재들을 향한 호기심이 가득했고, 그래서 종종 올챙이나 개구리, 피라미, 송사리, 나비, 잠자리 같은 생물을 잡아와 키우며 만지고 관찰하는 것을 즐겼다. 잡아 온 생물들은 생을 마감할 때까지 가두어 두었고, 대부분은 일찍 숨을 거두었다. 가끔은 그들을 해부한 적도 있었다. '인간을 사랑할 수 있을까'라는 고민은 사실 '나 자신을 사랑할 수 있을까'와 맞닿아 있기도 했다. 부끄럽지만 그때는 그것을 괴롭힘이라고 생각하지 않았다.

어린이들의 이런 행동은 대체로 '괴롭힘'이라고 말해지지 않는다. 어려서 잘 모르니까 혹은 호기심에 한 악의 없는 행동이니 당연하고 괜찮은 것이라 여겨지곤 한다. 어린 나는 그저 호기심과 탐구심이 많은 어린이로 여겨졌고, 스스로 동물을 '사랑'하는 사람이라고 생각했다. 그리고 교실에서 동물을 가두어 관찰할 수 있도록 하는 게 어린이들을 위한 일이라 생각하는 유치원 교사가 되어 버렸다. 하지만 정말 그런가? 사랑한다는 것이 정말로 이런 모습일까? 동물의 입장에서 생각해 보면 살던 곳에서 갑자기 납치당해 죽을 때까지 감금되어 매일 관찰당하는 셈인데 말이다.

안전 교육을 주제로 동화책 기반 프로젝트 수업을 한 적이 있다. 성폭력·유괴 예방 내용을 담은 동화책에는 "싫어요", "안 돼요", "도와주세요"와 같은 피해자 중심의 예방 교육을 주로 다루고 있었다. 동화책을 읽어 주며 의문이 생겼다. 어린이들에게는 피해자 입장에서의 예방 교육만 해야 할까? 어린이는 늘 약자이기만 할까? 약한 친구 혹은 작은 동물을 괴롭히는 어린이들에게 가해자로 자라지 않도록 하는 예방 교육도 해야 하지 않을까? 하지만 역시나 이번에도 유치원 교사가 어린이를 '잠재적(!) 가해자'로 여기는 것 같아 괴로운 마음이 들었다.

그렇지만 '가해'라는 것이 꼭 '악의'를 가져야만 일어나는 것은 아니지 않나. "무심코 던진 돌에 개구리는 맞아 죽는다."라는 말이 있듯이 말이다. 가령 어떤 어린이가 좋아하는 친구의 관심을 받고 싶어서 그 친구를 괴롭혔다고 치자. 좋아하는 마음에 한 행동이니 그것은 가해가 아닌 걸까? 좋아하는 마음에는 죄가 없다. 하지만 그 마음을 표현하는 방식은 또 다른 문제다. 서툴러서 잘 모르고 한 행동이라도 괴롭힘은 괴롭힘이고, 가해는 가해다. 그렇다면 우리는 괴롭히는 행동은 잘못된 것임을 가르쳐 주어야 하고, 괴롭힘에 대해 사과하도록 해야 할 것이다. 그리고 마음을 표현할 때는 괴롭히는 행동이 아니라 상대방이 좋아할 만한 행동으로 표현해야 하고, 그러려면 상대방에 대해 잘 알고자 노력해야 한다고 알려 주어야 할 것이다.

동물과의 관계도 마찬가지라고 생각한다. 동물에 호기심을 갖는 것과 동물을 좋아하는 마음에는 죄가 없다. 다만 그를 가까이서 들여다보며 자세히 알고 싶다면 먼저 동물의 입장을 생각해 보는 경험이 필요하다. 예를 들어 동물을 발견한 곳(동물이 살고 있는 곳)에서만 관찰하고 다시 놓아 주기로 한다거나 동물이 다치지 않게 눈으로만 보기로 하는 등 약속을 정하는 것도 좋은 방법일 수 있다. 약속을 통해 생명을 소중히 여기는 경험과 동물의 특성을 탐구하는 경험을 함께 쌓을 수 있도록 말이다.

어쩌면 우리는 육식 위주의 세상에서 서로를 존중하고 사랑하는 법을 점점 잊고 있는지도 모른다. 우리가 먹고 있는 것이, 입고 있는 것이, 혹은 가두어 관찰하고 있는 것이 살아 있는(혹은 살아 있던) 생명이라는 사실을 외면하고 망각하면서 말이다. 일상에서 만나는 작은 동물과의 관계부터 다시 들여다본다면 우리는 우리가 사는 지구를, 내 주변의 생명을 정말로 '사랑'하며 살아갈 수 있지 않을까?

오래전 어느 날에 한 친구가 "인간이 바뀔 수 있다고 믿어?"라고 물었다. 여전히 성악설을 믿으며 인간과 나 자신을 사랑할 수 없었던 그때의 나는 "인간은 절대 바뀌지 않아."라고 답했었다. 하지만 만약 누군가 지금의 내게 같은 질문을 한다면 다른 답을 할 것 같다. 왜냐하면 수많은 비인간 동물을 괴롭히고 죽이면서도 죄책감 없이 자랐던 내가 지금은 동물권을 고민하는 비건 지향인으로 살아가고 있기 때문이다.

인간은 세상과 어떻게 관계 맺느냐에 따라 변화하며 성장한다. 수많은 어린이를 만나며 나는 좋은 교사가 되고 싶었고,

더 나은 사람이 되고 싶다는 소망을 품게 됐다. 인간이 선하게 태어났는지 악하게 태어났는지는 모르겠다. 사실 중요하지 않다. 나는 이제 나 자신을 조금은 사랑할 수 있게 되었기 때문이다. 비건을 지향하는 지금의 내 모습은 어린이들에게 더는 부끄럽지 않다. 인간은 너무나 다면적이고 복합적이라 언제든 다양한 이유로 변할 수 있다. 특히 부끄러움을 아는 인간은 바뀔 수 있다고 믿는다. 그리고 나 자신의 삶을 바꾸는 것이야말로 가장 큰 '혁명'이라고 믿는다.

어쩌면 비건을 지향하려는 나의 의지는 인간은 변할 수 있다는 희망, 그리고 인간을 더 많이 사랑하고 싶은 마음과 맞닿아 있는 것일 수도 있겠다. 지금 자라나는 어린이가 어른이 된 세상에서는 어떤 존재의 착취도 당연하지 않고, 마땅히 당연해야 할 것들이 당연한 세상이기를 꿈꿔 본다. 그리고 어디에나 있는 주변의 어린이들을 생각하며 이러한 세상을 위해 끊임없이 노력하고 고민하는 것, 어린이들에게 공존과 연대를 지향하는 삶의 태도와, 그런 일상을 꾸준히 살아가는 모습을 보여 주는 것 자체가 비거니즘 교육이고, 모든 존재가 나답게 살아갈 수 있게 하는 페미니즘 교육이지 않을까 생각해 본다.

내가 학생들이 만나는 '첫 비건'이니까

선생님, 정말 고기 안 먹어요?

새 학기 첫날은 학생들만큼이나 교사인 나도 긴장되는 순간이다. 1년을 함께할 학생들과의 첫 만남, 어떻게 나를 소개하고 관계를 시작해야 할지 여러모로 고민스럽다. 초등학교 담임교사는 학교에 있는 시간 대부분을 학급 학생들과 보내야 하는 만큼 관계 형성이 매우 중요하기 때문이다. 나를 소개할 때 빠질 수 없는 키워드는 '비건'이다.

비건이 되는 계기는 여러 가지일 수 있는데 나는 동물권을 접하며 시작했고 점차 기후 위기 문제까지 닿게 되었다. 첫 소개에 이런 이야기까지 하기엔 무거울 뿐만 아니라 비건이나 채식이란 말을 학생들이 어떻게 받아들일지, 첫날 이러한 언급을 하는 것이 학생들에게 무언의 강요가 되진 않을지 생각이 꼬리를 물고 이어진다.

고민 끝에 나는 진·진·가 게임으로 나를 소개하고 있다. 나에 대한 문장을 사실인 것 여러 개와 거짓인 것 한 개를 섞어서 학생들이 거짓 문장을 찾게 하는 활동이다. 놀이 같으면서도 진솔하게 나를 소개할 수 있는 아주 적절한 활동이 아닌가 싶다. 진실의 문장으로 꼭 넣는 것은 "선생님은 고기를 먹지 않는다."이다. 슬프게도 이 문장은 3년간 거짓으로 가장 많은 표를 받았다. 이 문장이 진실이었음을 밝히면 학생들은 질문을 쏟아붓는다.

"선생님, 정말 고기 안 먹어요? 치킨도요?"

"왜 안 드세요?"

"알레르기 있으신 거예요?"

"그럼 선생님은 풀만 먹어요?"

고학년이라면 몇몇 학생은 이렇게 질문하기도 한다.

"선생님 비건이에요?"

"아, 채식하시는 거죠!"

하고 싶은 말은 많지만, 첫날인 만큼 간략하게 답한다.

"네, 선생님은 정말 먹지 않아요. 다양한 이유가 있지만 살아 있어서 고통을 느낄 수 있는 동물을 먹거나 입고 싶지 않기 때문이에요. 이렇게 생활하는 사람들을 비건이라고 해요.

참고로 채식한다고 풀만 먹는 건 아니에요. 더 궁금한 것들은 선생님과 1년 동안 지내다 보면 자연스럽게 알게 될 거예요."
(사실 학생들은 고기를 먹지 않는다는 말을 듣고 흥분해서 마구 질문을 쏟아 내기 때문에 몇 번에 걸쳐 나누어 말해야 한다.)

이렇게 소개가 끝나면 '비건 교사의 1년 살이'가 시작된다. 거창해 보이지만 시작은 도시락을 싸는 것이다. 급식에 먹을 것이 없으니 점심을 스스로 챙겨야 한다. 급식 지도를 해야 하기에 학생들을 두고 시켜 먹거나 나가서 먹는 것은 불가능할뿐더러 주변에서 채식 메뉴를 손쉽게 찾을 수도 없다. 나는 점심을 따로 챙겨 가서 학생들이 교과 수업에 갔을 때나 하교한 후 교실에서 식사한다. (현재 급식실을 이용하는 학교에 근무 중인데, 급식실에서 개인적으로 싸 온 음식을 먹는 것이 어렵기 때문이다.)

함께 급식을 먹지 않고 한쪽에 서 있는 담임 선생님을 보며 왜 급식을 드시지 않냐고 질문하는 학생들에게 먹을 수 있는 것이 없다고 답하면 학생들은 "아⋯⋯!" 하며 안타까움이 묻어나는 탄식을 뱉고 돌아간다. 몇몇은 관심을 가지고 급식에 선생님이 먹을 수 있는 음식이 있는지 관찰한다. 며칠 뒤, 선생님이 먹을 수 있으면서 매일 나오는 음식은 밥과 김치밖에 없다고 상심하며 알려 준다. 사실 김치도 동물성 성분(젓갈 등)이 들어가기에 매일 먹을 수 있는 건 밥밖에 없지만, 학생의 표정을 살피며 이 말은 삼키기도 한다.

어느 날은 식판을 자리에 내려 놓고 내게 와서는 오늘 급식은 먹을 수 있지 않냐며 얼른 받아 오시라 말한다. 그럼 나는 생각해 주는 마음이 정말 고맙다고, 하지만 슬프게도 이런저런 재료가 들어가서 먹을 수 없다고 답한다. (급식은 월별로 신청하므로 일별로 골라 먹는 것은 애초에 불가능하기도 하다.) 학생들이 그렇게 다가올 때의 메뉴는 '토마토' 스파게티, 잔치 '국수', 마파'두부', 초콜릿 케이크 등이다. 육식주의 사회에서 으레 그렇듯 덩어리 고기가 포함된 음식이면 채식이 아님은 쉽게 이해하지만, 눈에 동물의 살점이 바로 보이지 않는 음식이나 메뉴명에 채소가 언급되어 있으면 자연스레 육식이 아니라고 받아들이기 때문으로 보인다.

급식실에서 나를 제외한 모두가 급식을 먹고 있는데 나는 계속해서 먹을 수 없다고, 먹지 않는다고 말하는 상황을 겪으며 비건의 식사는 이렇게 지워지는 것인가 하는 씁쓸함이 들곤 한다. 학생들이 나를 비건으로 인지하는 순간은 내가 무언가를 '먹는' 모습이 아니라 '먹지 않는' 모습을 보면서이기 때문이다. 비건은 먹을 게 없는 힘들고 괴로운 것이라는 인식이 심어질까, '선택'하지 못하고 '부정'하는 삶이라고 느껴질까 초조함이 들기도 한다.

비건 교사의 좌충우돌 1년 살이

초조함을 가지고 '비건 교사의 1년 살이' 다음 장으로 넘어간다. 학생들에게 비건으로 사는 생활이 힘들기보다는 즐겁다는 걸 전해 주는 단계. 비건은 먹을거리뿐 아니라 옷, 화장품, 생필품 등 생활 전반에 걸쳐 동물을 착취하지 않는 삶을 지향하는 것이지만 아무래도 음식이 상대적으로 학생들과 많이 공유하는 것인 데다 학생들이 가장 흥미를 느낄 만한 것이라 음식으로 다가간다. 다양한 비건 간식을 맛보게 해 주는 것이다.

학생들이 좋아할 만하면서 그리 비싸지 않고 소포장 되어 있어 배부하기 좋은 간식을 열심히 찾기 시작한다. 마냥 쉽지는 않다. 개인적으로 온라인 쇼핑은 이동 과정에서 발생하는 탄소 배출부터 포장 쓰레기까지 고려할 점이 많아 주저되고, 나라고 모든 비건 간식을 먹어 본 것은 아니기에 고민스럽기도 하다. 어쩌면 학생들이 인지하고 마주하는 첫 비건 간식일 수 있기에 아무도 주지 않은 사명감까지도 가지게 되어 더욱 어려워진다. 어렵사리 간식을 구매해서 주고 나면 긴장하며 학생들의 반응을 살핀다.

한번은 학생들과 매일 사용한 플라스틱을 점검해 보는 제로 플라스틱 챌린지를 일주일간 하고 열심히 참여한 학생들에게 보상으로 비건 초콜릿 과자를 주었다. 보상이 있다고 미리 말하지 않았던 터라 학생들은 기분 좋게 간식을 받았고 작은 봉지에 담긴 비스킷이라 자연스레 다들 나누어 먹었다. 여러 모로 반응이 좋아서 안심하고 있었는데 한 학생이 오더니 이렇게 말했다.

"선생님이 왜 비건을 하면서도 맛있는 게 많다고 하시는지 알겠어요. 이 과자 너무 맛있어요. 다른 초코 과자랑 큰 차이를 모르겠는데요?"

입맛에 맞아서 다행이라고 태연한 척 넘겼지만 아, 정말 뿌듯한 순간이었다! 그 말에 힘입어 덧붙였다.

"선생님은 이런 초콜릿류를 정말 좋아하는데 비건으로도 충분히 좋아하는 것들을 먹으며 지내고 있어요."

이렇게 비건 간식을 맛보여 주고 나면 급식에서 그랬듯이 선생님이 먹을 수 있는 간식을 찾는 학생들이 생긴다. 특히 다른 선생님들의 수업에서 간식을 받은 날이면 어김없이 내게 달려와 묻곤 한다.

"이건 젤리니까 선생님이 먹을 수 있지 않아요?"

"제가 받은 건 초콜릿이라 선생님이 못 드실 것 같은데…… 맞아요?"

그럼 나는 꼭 함께 성분표를 확인해 본다.

"뒤에 있는 성분표에 알레르기 유발 성분이라고 적혀 있는 곳 보이죠? 동물로 만든 재료가 들어가면 여기에 적혀 있는데, 한번 볼까요?"

'우유, 달걀 함유'라는 표시를 본 학생들은 짧은 한숨을 쉬며 아쉬워한다. 물론 아쉬워하는 학생 뒤로 "내가 맞았지?" 하며 신나게 뛰어가는 학생도 있다. 어떤 반응이든 간식을 받고 나를 떠올리며 비건인지 아닌지 생각해 보았다는 게 고맙기만 하다. 간혹 소분된 간식들은 성분표가 있지 않기도 한데, 그때는 어떤 성분이 들어가서 먹지 않는다고 말해 주곤 한다. (슬프게도 지금까지 학생들이 학교에서 받아 온 간식 중 내가 먹을 수 있는 건 없었다.)

집에 있는 간식 중에 선생님이 먹을 수 있는 게 있어서 가져왔다며 주려는 학생도 있다. 누군가 한번 먹어 보라며 건네는 호의에 늘 민망한 거절을 해야 했던 나는 '고맙지만 괜찮다'라는 말이 먼저 튀어나오곤 하는데, 어느 날은 "이건 선생님도 먹을 수 있는 건데요? 성분표 확인했어요!"라는 답변을 받았다. 그때의 의기양양한 모습이란. 여행을 다녀온 후 친구들과 나누어 먹을 간식을 가져올 때 선생님도 먹을 수 있게 비건 간식을 찾았다고 말하는 학생, 불가피하게 방과 후 보충 수업 때 논비건 간식을 나누어 주었더니 선생님이랑 같이 먹고 싶다며 직접 동물성 재료가 들어가지 않은 간식을 챙겨 오는 학생까지. 학생들에게 무엇을 해 주어야 하는지 고민했던 나는 되레 학생들의 애정 담긴 관심에 마음이 따스해지는 순간을 만나기도 한다.

물론 마냥 따뜻한 순간만 있는 것은 아니다. 우리는 사회적 약자나 소수자에 대한 편견이 담긴 발언은 거침없고 쉽게 내뱉는다. 종 차별적인 우리네 사회에서는 이러한 혐오 표현이 인간에서 그치지 않고 비인간 동물에까지 퍼져 있음을 쉽게 볼 수 있다. 많이 먹는 행위를 돼지 같다고 하는 것, 실수하거나 부족한 모습을 보일 때 닭대가리 혹은 새대가리라고 비하하는 것, 동작이 느린 사람을 보고 소처럼 굼뜨다고 하는 것 등에서 드러난다.

이는 비인간 동물과의 공존을 모색하는 채식인과 비건을 조롱하는 것으로 이어지기도 한다. 식물은 고통받지 않느냐는 말로 무력감을 주려고 하거나 아무리 그래도 동물보단 인간이 먼저 살고 봐야지 않냐며 비건의 선택이 과하고 어리석은 것인 양 말하는 경우 등이다. (당연한 이야기지만 인간이 살기 위해 비인간 동물의 죽음이 필수적인 것은 아니다.) 스스로를 비건으로 소개하고부터 이런 말을 여기저기서 정말 많이 들었다. 순수한 궁금증에 기인한 말이 대부분이지만 개중에는 날카롭고 공격적인 의도를 지닌 경우도 있는데 질문이기보다는 그저 채식을 폄하하고 육식을 정당화하기 위함인 경우가 그러하다.

학생들에게서도 이런 말을 들을 때가 있다. 비건들이 자주 마주하는 검열과 판단이 깃든 질문을 하거나 고기의 식감을 자세하게 묘사하며 얼마나 맛있는지 알려 주려고 하는 학생도 있다. 학생들에게 이런 말을 들으면 다른 때보다 더 흠칫하게 되는데 공격적이거나 비아냥이 섞인 질문에 대한 나의 반응이 (그것이 대응이든 무시든) 하나의 의미를 띠는 위치이기 때문이다. 비건은 주류가 아니기에 비주류를 택한 이유를 설명해야 하고 나의 대답 하나가 전체 비건을 대표하듯 대화가 흘러가는 경우가 다반사라서 신중하고 섬세하게 반응하고자 노력하게 된다.

비건을 시작한 지 3년 정도 되니 반복되는 질문에 대한 나만의 답변도 생겨나고, 너무 욕심부리지 않고 편히 마음을 먹으려고 하지만 여전히 애쓰게 되는 입장에서는 학생들에게서 이런 반응을 들을 땐 퍽 씁쓸해진다. 학생들 또한 순수한 궁금함에 질문하기도 하지만 어디선가에서 들은 말들을 '재미있다'라고 생각하며 하는 경우도 많기 때문이다. 이는 조롱을 곁들인 혐오 발언을 유머로 여기는 사회적 분위기를 학습한 것으로, 학생들과 지내다 보면 자주 마주하는 순간이다.

이런 경우 학생들에게 어떤 것이 궁금한지 되물어보며 정말로 궁금해서 질문한 것인지 스스로 돌아보게끔 한다. 그리고 받은 질문에 성심껏 답해 준 후 내가 느낀 바를 솔직히 전한다. 궁금해서 한 질문일 수 있지만 어떤 특수성을 놀림감 삼아 친구들을 웃기려 질문한 것처럼 느껴졌고, 주변에서 쉽게 볼 수 없다고 해서 무시하거나 쉽게 말해서는 안 된다고 덧붙인다. 내가 너무 과한가, 교사와 학생 간의 관계를 상하 관계로 이용하고 있는 건 아닌가 하는 습관적인 자기 검열과 싸우며 말이다.

비건 그리고 교사의 무게

이렇게 애써서 학생들과 관계를 풀어 간다고 끝인 것은 아니다. 교사는 학교생활에서 명확한 하나의 정답을 내놓기 어려운 상황을 자주 마주한다. 때로는 정답을 갖고 있지 않아야 하기도 한다. 그 자체로 어려운 교사라는 직업에 비건을 곁들인 나의 고민은 1년 내내 엎치락뒤치락 이어진다.

진로 활동 시간, 미래에 자신이 갖고 싶은 직업을 조사하고 발표할 때였다. 한 학생이 자신이 원하는 직업은 '치킨집 사장'이라고 했다. 그 말을 들은 학생들은 다 같이 재밌다는 듯 웃었다. 다른 학생들에게서 들어 보지 못한 직업군 중 하나라서, 치킨은 본인들이 좋아하는 음식이니까, 치킨은 맛있으니까 웃었을 것이다.

나만 웃지 못했다. 적잖이 당황하여 표정 관리를 하느라 애썼다. 비건 교사로 나를 소개하면서도 어떻게 이런 상황을 생각하지 못했는지 후회스러웠다. 나의 편협함에 속으로 한숨을 삼키기도 했다. 분명 짚고 가고 싶은 부분이었으나 자신이 없었다. 정성껏 발표를 준비해 진지하게 발표에 임하고 있는 학생에게 네 꿈을 다시 생각해 보라고 말하는 것이 옳은 지도인지 판단이 서지 않았다.

아니, 솔직히 말하자면 학생들이 즐거워하는 모습을 해치고 또 불편한 상황을 만들고 싶지 않았다. 내가 스무 명이 넘는 학생의 진로를 좌지우지할 수 있는 것도 아니고 그냥 이 짧은 순간 나만 참고 넘기면 되지 않나 생각했다. 하지만 이미 알게 된 이상, 당연한 것에 불편한 질문을 던지기 시작한 순간부터 그건 어려워진 일이었다.

물론 비인간 동물을 기반으로 하는 직업군을 당장 나쁘다고, 해선 안 되는 일이라고 말하기는 어렵다. 당장에 종사하고 있는 사람이 많을뿐더러 수업 시간에 교사가 일부 직업에 대해서 편향되게 지도할 순 없는 노릇이다. 게다가 현재 축산업 및 동물성 식품 업계에 종사하는 이들을 단순히 '종 차별의 선봉에 선 가해자'로 치부할 순 없다. 종사자들이 겪는 폭력과 어려움도 분명 있을 테고, 무엇보다 이것은 개인보다는 육식 중심 시스템의 문제이기 때문이다.

다만, 학생들에게 질문을 던져 볼 수는 있다. 아직 직업을 갖기까지는 시간이 남았으니 다시 한번 고려해 볼 기회를 제공하는 것이다. 여기까지 생각이 미쳤지만 난 그 순간에 그런 기회를 제공하진 못한 것 같다. 짧게 호흡을 가다듬고 왜 그 직업을 선택했는지 질문했더니 학생은 치킨을 너무 좋아해서 매일 먹고 싶다고 답했다. 더 말을 하자니 동물권을 언급하지 않을 수 없었고 다음 학생의 발표를 들으려고 적당히 마무리했다. 그저 다음 해에는 동물권 수업을 1학기와 2학기에 고루 배치할 것, 2학기에 있을 동물권 수업과 진로 수업을 연계할 것을 다짐할 뿐이었다.

비건 교사의 1년 살이라고 거창하게 말했지만 되짚어 보면 자기소개에서 시작해 비건 도시락과 간식을 거쳐 수업 중 당황하며 다음을 기약한 게 전부인, 사소하고도 별거 아닌 순간들의 집합이다. 사실 그렇다. 내가 매 순간 고민하고 애쓰는 것은 아주 작은 것들뿐이다. 하지만 학생들 앞에 부끄럽지 않은 교사로 서고 싶은 마음에 자발적으로 시작한 것이기에 그 고민과 분투는 작을지언정 끝이 없다. 동시에 내가 저버리면 그만인 것이 되기에 현 상황에서 비거니즘 교육의 지속 가능성을 고려하며 나는 다시 사소한 문제들에 집중한다.

사소해지면서도 멈추지 못하는 건 여태까지 내가 만난 학생들의 첫 비건은 나였기 때문이다. 비건으로 나를 소개할 때마다 난 '처음'이라는 무게를 느낀다. 매년 비건 교사로 학생들을 만나고 1년을 함께하는 과정은 이 무게를 느끼면서도 거기에 짓눌려 버리지 않게 노력하는 과정인 듯하다.

나와 지내면서 비건이 무엇인지 알게 되고 비건에 대해 갖고 있던 오해나 편견이 있었다면 풀리기를, 언젠가 또 다른 비건을 만났을 때 거부감이나 낯선 감정을 느끼기보다는 되레 친근함이 들면 좋겠다는 마음으로 나는 매 순간 무엇이 옳은지 점검하고 또 점검하며, 고민하고 또 고민한다. 그리고 학생들이 조금 더 나은 사회에서 살아가기를 바라며 비건을 실천하고 말한다. 이 과정에서 지치지 않기를, 혹여 지쳐서 더디게 되더라도 다시 나아갈 수 있기를 간절히 바란다. 무엇보다 내

가 만나는 어린이들이 타고난 연결감을 지키며 성장하기를 온
마음으로 소망한다.

의심하는 동안에는 미워하지 않을 수 있었다

아니, 왜 이렇게 의심이 많아요?

20대 후반에 피티PT를 받기 시작했다. 강해지고 싶었다. 정확히는 지금보다 약해지기 싫었다. '우리를 천천히 피할 수 없는 죽음과 노화로 인도하는, 멈출 수 없는 시간의 흐름'이 무서웠다. 사는 데 지장이 없는 줄 알았던 몸뚱이는 '잘' 살아가기에는 제법 많은 지장이 있었다. 피티를 받을 때마다 새로운 문제가 발굴됐다. 트레이너 선생님에게 나는 제대로 서지도 못하고 걷지도 못하는, 한 군데를 쌓아 놓으면 다른 곳에 구멍이 뚫리는, 무너지기 직전의 젠가 더미였다. 선생님은 내 몸이 신기하다고 했다. 나도 내 몸이 경이로웠다.

하루는 굽은 어깨를 교정하고 바벨의 무게를 버틸 수 있도록 중부 승모근과 하부 승모근을 단련하는 운동을 배웠다. 시티드 로우를 한참 했는데도 감이 잡히지 않았다. 트레드밀로 이동했다. 트레드밀 손잡이를 잡고 기계체조 선수처럼 몸을 들어 올리라고 했다. 선생님이 시범을 보였다. 쉬워 보였다. 하지만 피티를 받으면서 제대로 배운 것 중 하나는 잘하는 사람이 잘해서 쉬워 보이는 동작에 속으면 안 된다는 것이었다. 아니나 다를까, 체조 선수나 선생님과는 영 다른 자세가 나왔다. 몸뚱이의 무게를 버티지 못한 어깨는 귀까지 솟았고, 어깨에 매달린 몸이 시계추처럼 똑딱였다. 선생님은 안 되겠다 싶었는지 트레드밀 손잡이에 밴드를 걸어 줬다.

"중부 승모근이랑 하부 승모근 힘으로 어깨 잡아 내리고! 고관절 접어요! 밴드 위에 앉아요!"

"승모근에 힘이 없어요!"

"밴드가 같이 받쳐 줄 테니까 그 위에 앉아요!"

"끄악, 못하겠어요, 선생님! 앉으면 밴드가 끊어질 것 같아요!"

몇 번을 시도해도 원하는 동작이 나오지 않았다. 선생님은 너덜너덜해진 내 몸을 매트로 이끌면서 말했다.

"아니, 안 끊어진다니까, 왜 이렇게 의심이 많아요?"

타고나길 겁이 많았다. 날 때부터 겁이 많지는 않았으니,

타고나길 작은 여성이었다고 하는 게 맞겠다. 초등학교 한 반에 한 명씩 있다는 조폭 마누라의 시절이 내게도 있었다. 나를 괴롭히는 것들을 걷어차고, 쥐어박고, 밀어 넘어뜨렸다. 그러나 작은 여성의 몸으로는 막을 수 없는 것이 많아졌다. 그래서 겁이 많아졌고 의심도 많아졌다. 의심이 많아진 만큼 믿을 구석이 필요했다. 어른들과 학교가 믿을 구석이었다. 어른들이 제시하는 규칙과 학교가 제시하는 질서를 믿었다. 그 구석에 숨어 착하게 굴면 안전할 줄 알았고, 시키는 대로 하는 것이 착한 건 줄 알았다.

실제로 어느 정도는 그랬다. 착하게 굴어서 규칙과 질서, 힘이 있는 어른들의 인정을 받으면 그게 내 힘이 됐다. 성정대로 들이받고 악을 쓰는 것보다 착한 척하는 편이 몸도 마음도 덜 다쳤다. 알량한 힘으로 규칙과 질서를 어기는 친구들을 마음껏 재단했다. '수업 시간에 가만히 앉아 있지 못하다니 한심해.', '용의 복장이 단정하지 못하다니 나쁜 애야.'

물론 억울하게 혼이 날 때도 있었다. 종종 매를 맞기도 했다. 그래도 어쩔 수 없다고 생각했다. 어려서는 내가 감히 이해할 수 없는 거대한 규칙을 어겨 버린 탓이라 여겼고, 조금 더 자라서는 성정이 돼먹지 못해서 '착한' 질서를 받아들이지 못한 탓이라 여겼다. 억울한 마음이 드는 것조차 규칙과 질서를 어긴 것 같아 삼켰다. 어른들과 학교의 보호를 더는 받지 않아도 되는, 받을 수 없는 나이가 되어서도 그 구석에서 벗어나지 못했다.

　구석에서 내다보면 아프고 다치고 죽는 이가 많았다. 처음에는 그들이 규칙과 질서 바깥의 위험한 길로 가 놓고는 돌다리를 두드려 보지도 않아서 그런 줄 알았다. 그런데 아니었다. 아프고 다치고 죽는 이들은 대체로 나처럼 작거나 나보다 작은 사람들이었다. 자발적으로 위험한 길을 택한 것이 아니라 위험한 길로 내몰린 것이었다. 작아서 겁이 많았고, 그래서 의심도 많았다. 돌다리가 의심스러워 좀 두드려 보고 건널라치면 포장도로를 뛰는 놈과 그 위에 나는 놈들이 돌다리마저 깨부숴 돌팔매질에 썼다. 믿어 마지않던 규칙과 질서를, 그것을 만든 인간을 미워할 만한 일들이 자꾸 생겼다. 어버이 의심을 낳으시니, 세상이 의심을 기르신 것이다.

　그러나 인간을 미워하는 삶은 옳지 않아 보였다. 오랫동안 착한 척해 온 내게 '어떻게 사는 것이 옳은가'는 중요한 문제였다. 되도록 인간을 사랑하고 싶었다. 인간을 섣불리 미워하지 않으려고 새롭게 의심했다. 의심하는 동안에는 미워하지 않을 수 있었다.

　그렇게 규칙과 질서를 만드는 학교의 어른이 되었다. 가르치는 것을 업으로 삼고 보니 학교 안팎에도 크고 작은 의심이 난무했다.

　안에서는 시험을 치를 때마다 배운 적이 없다고 했다. 분명히 가르쳤고, 수업 때마다 고개를 끄덕이고 큰 소리로 대답

하는 걸 보고 들었으며, 시험 대비 복습도 같이 했지만 홀랑 잊어버릴 수도 있는 거였다. 인권 동아리에서 지도한 학생들이 혐오 발언 때문에 징계를 받기도 했다. 여성의 날 활동으로 빵과 장미를 나눠 주고, 〈학생인권조례〉 홍보 포스터를 만들고, 성소수자 혐오 발언을 한 교사가 누군지 알고 싶어 안달냈던 학생이 여성 혐오 발언을 하며 웃을 수도 있는 거였다. 배신감도 처음뿐이었다.

밖에서는 흉악한 일이 생길 때마다 학교가 무용하다고 했다. 지금도 검색창에 '무서운 10대'를 입력하면 온갖 범죄가 줄줄이 나온다. 학교에서 폭력 예방, 약물 오남용 예방, 성범죄 예방, 교권 이해 교육을 하지 않고 뭘 한 거냐고 따졌다. 추앙받는 고학력자들은 새로운 사회문제를 발명했다. 추앙받는 이들은 대체로 학교보다 힘이 셌고, 학교에서 교육할 내용을 좌지우지했다. 무력감은 끝이 없었다.

'지식과 기술을 가르치며 인격을 기르는 것'이 교육이고, '사람으로서의 품격'이 인격이므로, 인간에 대한 의심은 업에 대한 의심, 업을 선택한 나에 대한 의심으로 이어졌다. 정말 교육으로 인간이 달라질 수 있나? 달라질 수 있다고 해도, 그런 교육을 내가 할 수 있을까?

갈팡질팡하다가 내 이럴 줄 알았지

비건 지향을 결심한 해의 3월까지는 급식을 먹었다. 이미 빠져나간 3월분 급식비를 없는 셈 치기에는 월급이 한 줌이었다. 소규모 학교는 작은 만큼 가깝고 다정했다. 그리고 소문이 빨랐다. 모든 교사와 담당 학년 학생들이 내가 비건을 지향한다는 걸 알게 됐다.

4월부터 도시락을 싸서 다녔다. 잘 먹고 잘 사는 비건을 보여 주려 고군분투했다. 급식이 맛있다고 칭찬이 자자한 학교였다. 어지간한 도시락으로는 우려와 동정에서 벗어나기 어려웠다. 냉동 만두나 겨우 굽던 내가 처음으로 직접 만든 김밥을 싸 간 날, 여느 때처럼 도시락을 구경하던 선생님 중 한 분이 지금까지 싸 온 도시락 중에서 가장 도시락답다고 칭찬했다.

그해 수학여행에서 양 떼 목장에 갔다. 차를 타고 산을 오르면서 가이드의 설명을 들었다. 가이드가 방목장의 소를 가리키며 여기에서 바로 우유를 짜서 가공한다고 설명하자마자 차에 탄 사람들이 전부 뒷좌석에 앉은 나를 돌아봤다. 호기심과 걱정이 뒤섞인 눈이었다. 관객 참여형 난타 공연을 보러 갔을 때도 비슷한 일이 있었다. 배우들의 지명으로 무대에 올랐다. 양 팀이 만든 비빔밥을 먹고 더 맛있는 비빔밥을 고르는 게 내 역할이었다. 관객석에서 학생들이 웅성거렸다. 평소 목

학교에 비거니즘을

소리가 큰 몇몇이 외쳤다. "우리 선생님 채식해요! 고기나 계란이 있으면 안 돼요!"

나를 칭찬하고, 돌아보고, 나를 위해 목소리를 높인 것은 모두 애정에서 비롯된 행동이다. 비건을 지향하는 '나'에 대한 관심이 고마웠다. 그 관심이 '비건 지향'으로 이어지지 않는 것은 아쉬웠다. 아쉬운 사람이 우물을 파면 됐는데 그러지 못했다. 교육과 나를 의심하느라 여기저기 기웃거리며 갈팡질팡하던 때였다. 갈팡질팡한다고 업무를 빼 주지는 않았다. '국어 수업'과 '생활지도', '행정 업무'라는 두루뭉술한 허허벌판 위에 비거니즘 교육 혹은 비거니즘 활동이라는 우물을 파는 것은 필수가 아니었다. 그리고 아무리 교육적으로 좋은 의도라도 필수가 아닌 일은 '업무 외의 일'이 된다. 기본적으로 해야 하는 일만 하기에도 근무 시간이 부족했으므로, 업무 외의 일은 결국 초과근무, 무임금 노동으로 이어졌다.

비인간 동물에 대한 착취로 연명하는 인간이지만 최대한 옳은 삶을 살고 싶고, 교사이기에 더더욱 옳은 삶을 지향하고 싶다. 그러나 노동자이기도 하다. 국민의 교육받을 권리를 보장하려고 국가가 내게 교육할 의무를 위임했고, 나는 교육할 의무를 다하려고 신체적·심리적·정서적 노동력을 제공한 대가로 임금을 받는다. 노동 인권 교육 자료와 노동자에 대한 사전적 정의에 따르면, 나는 노동자 되기를 자처하지 않아도 빼도 박도 못하는 노동자인 것이다. 그러니 신념에 따라 일하면서도 월급을 받은 만큼만 일하고 싶었다.

여기저기 기웃거리며 많은 연수를 들었다. 연수에는 대단한 동료 교사, 선배 교사들이 나와 멋진 교육 사례를 발표했다. 연수를 듣고 나면 의욕이 차올랐다. 동시에 교육 사례 너머에 숨겨진 노동이 걱정됐다. 노동에 관해 묻는 것이 '숭고한' 교육을 깎아 내리는 일이 될까 봐 한참을 망설이다가 물었다.

"성공 사례를 만들기 위한 준비 및 시행착오, 실제 교육을 하는 과정에서 들인 시간과 노동에 대해 정당한 대가를 받으셨나요? 그 일 외에도 기본적으로 해야 하는 일이 많으실 텐데, 얼마나 경험을 쌓아야 초과근무 없이도 그 모든 일을 할 수 있나요?"

질의응답을 진행하던 교수님은 'MZ 세대'의 현실적인 질문이라며 웃었다.

돌아가면서 답변을 했다. 한 분은 초과근무는 당연히 있다고, 그래서 꼬박꼬박 출장을 달고 초과근무를 단다고 했다. 그리고 잘하면 이렇게 연수 강사로 나올 수 있다고 했다. 다른 한 분은 이렇게 되기까지 10년이 걸렸다고 했다. 10년을 해도 잘 못하면 어떻게 되는지, 보상 없는 10년을 어떻게 이겨 냈지는 더 묻지 못했다.

유능하지 않고 능숙하지 않은 유난스러움이 '나'에 대한 관심을 꺼뜨릴까 봐 겁이 나기도 했다. 가뜩이나 힘겨운 급식 노동자들에게 채식 급식을 요청하면, 그래서 모두가 좋아하는

'고기반찬'을 못 먹게 되면, 멀리 있는 채식 식당에서만 회식하고 한정된 선택지에서만 간식을 고르자고 하면, 한창 바쁜 수학여행 준비 기간에 전시 동물을 착취하는 일정을 바꾸자고 하면, 교과서에도 없는 비거니즘을 수업에 끌어와 실천을 강요하며 죄책감을 떠안기면 골칫거리가 될 것 같았다.

그럼 유난 정도로는 끊어지지 않을 만큼 가까운 관계가 되면 괜찮을까? 그건 또 아닌 것 같았다. 비건 지향 첫해 이후에는 좀 더 적극적으로 내가 비건을 지향함을 밝혔다. 비건 간식을 준비해서 나눠 주기도 했다. 관계 맺음에는 서툴렀지만 낯가림이 줄어든 덕에 훨씬 자연스럽게 라포를 형성할 수 있게 됐다.

가까워진 학생 중 몇몇이 일주일 동안 채식을 실천했다. 학생들은 식생활에 금전적으로 기여하지 않는다는 이유로 식단 선택권이 제한된다. 단체 생활에 의한 제약도 심하다. 실제로 한 학생은 집에서 채식을 하겠다고 말했더니 갑자기 초콜릿 쿠키를 굽고 치킨을 시키더라고, 그 옆에서 혼자 초장과 김에 밥을 먹었다고 하소연했다. 채식 급식을 요구하는 학생들에 관한 신문 기사에는 '공짜 밥 먹으면서 복에 겨웠다'라는 댓글이 달리곤 했다.

그런데도 학생들은 해냈다. 원래도 길고양이를 위한 돌봄 모임을 조직하고 지역사회와 함께 활동하던 학생들이었다. 나와는 차원이 다른 실천력이 있었다. 채식을 실천하는 동안 가까운 곳에 내가 있어 하소연 정도는 할 수 있었겠지만, 굳이 내가 아니었어도 그들은 대단한 일을 했을 것이다.

그에 비하면 나는? 비건교사나는냥에서 활동하며 만든 동화와 동요, 동아리 활동 자료를 학교 현장에 적용하지 못하고 미뤘다. 읽혀야 동화고, 불려야 동요고, 참여해야 비로소 활동인 건데, 만든 것만으로 소임을 다했다고 생각했다. 적극적으로 비건 지향을 드러내긴 했지만, 여전히 내 최대 업적은 매일 비건 도시락을 챙겨 먹은 것이었다.

이렇게 교사와의 관계와는 무관하게 나아가는 학생들이 있는가 하면, 교사와의 관계가 좋아도 별 영향을 받지 않는 학생들도 있었다. 사실 대부분이 그랬다. 마음 맞는 동료 교사를 만나 한 학기 동안 생태 전환에 관한 책을 읽으며 과정 중심 평가를 했다. 같은 해 생태 전환 동아리를 운영했다. 학생들은 평가와 활동에 적극적으로 참여했다. 그것뿐이었다. 왜 우리 반은 다른 반처럼 햄버거를 먹지 않고 비건 과자만 먹느냐고 불평했고, 학급 분리수거함에는 내용물이 남아 있는 물병이 라벨이 붙은 채 쌓여 갔다. '선생님이 채식해도 선생님 장례식장에서는 사람들이 육개장을 먹는 것 아니냐'라는 담임 반 학생의 말을 듣고서는 관계 맺음에도, 교육적 실천에도 회의에 빠졌다. 한 학기 내내 가르친 걸 배운 적 없다는 말을 들었을 때와는 다른 결의 배신감을 느꼈다.

애초에 관계 맺음에 기대기에는 교사로서의 직업적 소양

도, 친교 상대로서의 인간적 매력도 특출나지 않다. 그런 내가 교사가 된 후 전에 없이 엄청난 관심의 대상이 된 이유는 아무래도 '젊음'이었다. 동료 교사들은 치기 어린 신규를 챙겨 주고 싶었을 것이고, 학생들은 상대적으로 잘 통할 것 같은 젊은 교사에게 쉽게 마음을 열었을 것이다. 나의 젊음은 내가 어떤 사람인지, 뭘 하는지보다 훨씬 힘이 셌다. 저절로 주어진 관심을 누리는 것은 훌륭한 교육자가 되어 양질의 교육을 하는 것보다 쉽고 편했다. 젊음에 편승하여 관심을 끌고 도시락을 싸는 정도로도 비거니즘을 실천할 수 있었다. 그럼 다 관두고 쉽고 편하게 갈까? 어차피 밥은 매일 먹어야 하고, 생활 속에서 솔선수범하는 것도 일종의 잠재적 교육과정 아닌가? 젊음이 사그라들기 전까지는 그렇게 살아도 되지 않을까?

접촉을 가르치며 접촉을 지속하는 태도

교사들이 대체로 그렇듯 무사안일주의도 잠시뿐이었다. 게으르고 어리석은 채로 늙어 죽기 싫었다. 효용이 있든 없든, 무엇이 옳은지 아는 이상 옳은 일을 하며 살고 싶었다. 10년의 시행착오와 초과근무도 감내할 수 있을 것 같았다. 그렇게라도 살아야 살아 낼 수 있는, 의심 가득한 세상이었다.

교사로서 해야 하며 할 수 있는 옳은 일이란 결국 전문성을 기르는 것이었다. 전문성이 있으면 공신력이 따라온다. 그럼 내가 실천하는 모든 것이 교육을 위해 파는 우물이라고 당당하게 말할 수 있을 것 같았다. 젊음이 사그라져도, 그래서 인간적 호감을 더는 주지 못해도, 직업적 신뢰감을 주면 학생들이 따를 수밖에 없을 것이다.

　교사로서의 영향력을 휘두르려는 권위의식 아니냐고 묻는다면, 아주 아니라고는 못 하겠다. 그런 것에 기대어서라도 비거니즘 교육이 이루어졌으면 좋겠다. 얼핏 보면 위험한 발상이다. 하지만 비거니즘 교육이 불가능하고 무의미한 일, 부도덕하고 비윤리적인 일이 아니라는 점에서 이는 부당한 권위의식이 되려야 될 수가 없다. 오히려 권한에 가깝다. 국가로부터 위임받은 교육의 의무를 수행하고자 교실을 통제하고 수업 내용을 마련하는 것은 나의 권한이다. 공동체의 고통에 공감하는 감수성을 갖고, 공동체의 문제를 해결하려고 비판적·창의적으로 행동하는 민주 시민이자 세계시민을 양성하는 것이 교육의 목적이라면 그 끝은 비거니즘이라고 생각한다. 기후 재난을 해결하여 미래 세대의 생존권까지 보호할 수 있다. 이보다 나은 전인적 인격 형성 교육이 또 어디 있는가?

　일단 수업에 관한 '지식'을 배우고 '기능'을 익히기로 했다. 관계 맺음을 통해 선한 영향력을 퍼뜨리는 것은 외향적이고 매력적인 이들의 몫으로 떠넘겼다. 비거니즘에 관한 배경지식을 쌓고, 지식을 잘 수용할 수 있도록 돕는 문해력 교육과 기초학력 교육, 수용한 지식을 재구성하여 표현하는 쓰기와 말하기 교육, 배움을 실천으로 옮기는 교육 전문성을 길렀다.

그런데 전문성을 기르려고 들은 연수와 읽은 책에서 하나같이 관계 맺음, 접촉의 힘을 강조했다. 서이초등학교 사건 이후 도망치듯 들었던 '혁신 미래 교육' 연수에서는 교육의 회복을 위해서는 학교와 가정을 포함한 공동체의 지속적인 교육 협력이 필요하다고 했다. 문해력 교육과 기초학력 교육의 시작은 늘 학생과의 관계 맺음, 학생의 입장에서 학생의 요구를 고려하는 일이었다.

《다정한 것이 살아남는다》에서는 관용이 없는 사람들을 교육하려고 하는 것은 오히려 불관용을 강화하며, 갈등을 완화하는 최선의 방법은 접촉을 통해 서로를 위협으로 느끼지 않도록 하는 것이라고 했다. 《지구가 평평하다고 믿는 사람들과 즐겁고 생산적인 대화를 나누는 법》에서는 개인의 가치관은 곧 그의 정체성이므로, 과학적 사실과 호소적인 사례만으로는 가치관을 바꿀 수 없다고 했다. 그들의 이야기를 듣고, 그들을 존중하며 수용하고, 당장의 설득보다는 질문을 심어 줌으로써 선택할 기회를 줘야 한다고도, 대화를 통해 소통하는 것이 시작이라고도 했다. 《나의 친애하는 비건 친구들에게》도 이와 비슷한 이야기를 하며, 서로를 이해하고 연민의 마음으로 지켜보는 법을 배우는 것이 중요하다고 했다.

모방과 타산지석, 그리고 다양성의 수용을 위해 접촉의

기회를 제공하는 것이 학교의 역할이라면, 교사는 건강하고 바람직하게 관계를 맺는 법을 가르치고 직접 관계를 맺을 책임과 의무가 있다. 지식과 기능만으로는 부족했다. 교사의 전문성은 접촉을 가르치면서 접촉을 지속하려는 '태도'도 포함하는 개념이었다.

비건을 지향하는 나와의 접촉이 학생들의 가치관을, 삶의 방식을 단박에 바꾸지는 못했다. 하지만 질문을 던지게 만든 것은 확실했다. 아쉽게 여겼던 반응들도 돌이켜 보면 질문에서 촉발된 행동이자 일종의 실천이었다. 비거니즘이라는 새로운 삶의 방식을 알게 됐기 때문에 무엇을 먹고, 입고, 바르는지 물었다. 몇몇 질문에는 비건 지향의 무결함을 시험하려는 의도가 있었을지라도 그 기반이 기존의 삶에 관한 질문임은 분명했다. 비건을 지향하는 사람의 불편함을 헤아렸기 때문에 양 떼 목장의 차 안에서 나를 돌아봤고, 무대를 향해 목소리를 냈다. 동료 교사가 고기를 먹을 때마다 나를 떠올리며 전보다 먹는 양을 줄인 것도 실천이다. 학생이 내가 좋다는 이유만으로 일주일간 채식을 하고, 학급 학생들이 내 생일을 챙기겠다고 비건 케이크 전문점을 수소문해 주문한 것도 실천이다.

인간을 성장하게 하는 것은 문제의식, 그리고 변화 가능성에 대한 믿음이라고 했다. 타인과의 접촉이 현재의 문제를 인식하게 하고, 질문에서 시작되는 실천이 변화 가능성을 믿게 할 것이다. 접촉의 사전적 의미는 "서로 맞닿음", "가까이

대하고 사귐"이다. 교사로서 해야 하며 할 수 있는 옳은 일을 찾아 전문성을 길렀고, 그 끝은 '비건 지향인으로서 학생과 서로 맞닿아 성장하게 하는 것'이 되었다.

되는 데까지 하다 보면 언젠가는

먼 길을 돌아 다시 의심을 떠올렸다. 정말 교육으로 인간이 달라질 수 있나? 달라질 수 있다고 해도, 그런 교육을 내가 할 수 있을까? 교육이 타인과 접촉할 기회를 제공함으로써 자신의 가치관에 질문을 던지도록 하는 것이라면, 교육으로 인간이 달라질 수 있다. 괄목할 만한 변화를 이끌거나 대단한 파급력을 갖추지 못해도, 죽이 되든 밥이 되든 일단 하는 것도 '할 수 있다'에 포함된다면, 나도 교육을 할 수 있다.

교육에 관한 의심에 답을 얻으면서 옳은 삶에 대해서도 나름의 답을 내렸다. 나는 여전히 작은 여성이다. 겁이 많아 인간을 의심한다. 생명을 고통스럽게 하고 세상을 망가뜨리는 것은 대체로 인간이다. 인간은 긴 노력 끝에 이룬 안온함도 순식간에 망칠 수 있다. 그러나 고통받는 생명과 망가진 세상에 질문을 던지는 것도 인간, 질문에 답하고자 애쓰는 것도 인간, 인간이 망친 것을 되돌려 놓을 수 있는 것도 인간이다.

인간을 의심한 덕분에 완전히 미워하지는 않았지만, 의

심했기 때문에 제대로 사랑하지도 못했다. 그러나 그런 모호함과 소극성이 옳지 않은 삶은 아니다. 내게 옳은 삶은 인간을 늘 사랑하지는 못해도 계속 사랑하고 싶어 하는 것, 그러니 인간을 의심하더라도 인간에 대한 희망을 붙잡고 놓지 않는 것이다.

계속 피티를 받고 있지만 여전히 강하지 않다. 최근에도 선생님이 회원님은 대체 언제까지 몸을 못 쓸 거냐고 물었다. 어느 날은 상복부 운동을 하려고 상체를 들어 올리는데, 만족스러울 만큼 들어 올려지지 않았다. 어떻게든 들어 올리려고 용을 쓰다가 되레 혼났다.

"회원님, 지금 복근이 아니라 목을 쓰잖아요. 그럼 목만 아파요."

"목을 안 쓰면 상체가 안 들어 올려져요."

"복근에 힘이 없으니까 그렇죠."

"힘이 없어서 힘을 기르려는데, 힘이 없어서 힘을 기르는 동작을 할 수가 없으면 어떡해요?"

"억지로 힘쓰려고 하지 말고 되는 데까지만 해요. 되는 데까지 하다가 힘이 생기면 조금 더 들어 올리고, 그러다 더 힘이 생기면 무게를 더하고. 힘은 그렇게 기르는 거예요."

또 어느 날은 시티드 로우와 스트레이트 암풀다운을 복습했다. 자세를 봐 주던 선생님이 근육을 만져 보다 말했다.

"이제야 등이랑 광배를 쓰네. 광배근이 좀 생겼어요."

"헉, 진짜요?"

"네, 만져 봐요."

약간 두꺼워진 광배근이 만져졌다. 있는 줄도 몰랐던 근육이었다. 경이로운 몸치도 되는 데까지 하다 보니 됐다.

선생님께서 말씀하시길, 근육은 수축과 이완을 반복해야 한다. 수축만 하면 굳고, 이완만 하면 늘어진다. 수축과 이완이 부드럽게 반복되려면 탄성이 필요하다. 반복되는 움직임에 무게를 더하면 근육이 자란다. 잘 교육하고 옳은 삶을 살기 위해 몸도 마음도 강해지고 싶다. 그러니 갈팡질팡하느라 굳어 있던 근육을 풀고, 되는 데까지 인간을 의심하며 수축했다가 되는 데까지 희망을 붙잡으며 이완할 것이다. 때로는 미처 풀리지 않은 근육이 뚝딱이고 경련할 것이다. 맨몸으로 수축과 이완만 하느라 근육이 자라지 않을지도 모른다. 그래도 반복하다 보면 탄성이 생긴다. 부드러운 탄성 위에 조금씩 무게를 늘려 나가면 조금씩 강해질 것이다. 작고 소중한 나의 광배근처럼.

<통영오광대>를
배우는 시간

문학이 쓸모 있다는 믿음

고등학교 3학년 수업은 언제나 긴장과 기대가 함께하는 일이다. 긴장은 내 수업이 학생들에게 필요 없는 수업으로 여겨져서 차라리 자습 시간을 달라고 하면 어쩌나 하는 마음에서 비롯된 것이다. 기대는, 조금 이상하긴 하지만 수능을 준비하려고 다른 학년과는 달리 압도적으로 많은 수업 제재를 다루어야 한다는 지점에서 발생한다. 가르쳐야 할 내용이 많은 것이 어째서 기대를 불러오는가 하면, 이는 국어 교과의 특성에 기인한다.

흔히 국어는 '도구 교과'로 인식되는데, 여기에는 국어 사용 능력을 키우면 다른 교과의 학습 등에 도움이 된다는 생각이 자리하고 있다. 틀린 말은 아니다. 중간고사, 기말고사 등 정기 고사 때에는 해당 과목의 교사가 학생들의 질문을 받으려고 복도에 대기하는 경우가 많다. 고사 기간에 같이 복도 감독을 하던 중 질문이 들어와 교실에 갔다 온 동료 교사에게 무슨 질문이었냐고 물으면, "수학(물리, 한국지리, 영어, 세계사, 지구과학……) 질문이 아니라 국어 질문이었어요. 문제가 이해가 안 됐나 봐요."라는 대답이 자주 돌아온다. 그런 면에서 국어는 도구 교과가 맞는다. 누가 뭐래도 대한민국의 공용어는 한국어와 한국 수어니까.

그러나 국어 교과가 도구로서만 의미가 있다는 것은 물론 아니다. 〈2015 개정 교육과정〉은 초·중·고 공통 과목인 '국어'에서 추구하는 '의사소통 역량'에 대해 다음과 같이 설명한다.

의사소통 역량은 음성 언어, 문자 언어, 기호와 매체 등을 활용하여 생각과 느낌, 경험을 표현하거나 이해하면서 의미를 구성하고 자아와 타인, 세계의 관계를 점검 · 조정하는 능력이며…….

국어가 의사소통의 도구인 것은 분명하지만, 의사소통은 자아와 타인, 세계의 관계를 점검하고 조정하는 과정이다. 국어 교과는 이러한 의사소통 역량을 기를 수 있도록 수많은 텍스트를 다룬다. 국어 시간에 교사와 학생은 다양한 텍스트를 통해 자아를 탐구하고, 타인과 세계의 복잡성을 이해하며, 이들이 어떻게 연결되어 있는지 확인하는 연습을 한다. 그리고 문학 수업은 그것에 대해 가장 위험한 현장에서 가장 치열하게 고민한 결과물을 공부하는 시간이다. 그래서 오랜만에 문학을 주로 가르치게 된 올해가 더욱 기대되었다. 나는 여전히 자신과 타자, 세계를 이해하는 데에 문학이 효용이 있다고 믿는 편이다.

주로 현대문학을 다루는 수업에서 사회에 대해 많은 이야기를 나눌 수 있으리라 생각했으나, 오히려 고전문학이 더 그러했다. 나와 학생들은 부모를 위해 자식을 희생시키는 아버지가 나오는 설화를 읽으며 우리 사회에서 '효'가 가지는 위상과 그에 대한 비판을 나누었고, 첫눈에 반한 여성과 다시 만나려고 거짓말로 그녀의 집에 며칠을 머무는 주인공의 행동을 비판적으로 바라보며 스토킹 범죄의 심각성을 고찰했다. 그리고 〈통영오광대〉의 순서가 되자 한 가지 이야기만으로 수업을 끝낼 수 없게 되었다.

비인간 동물을 이야기하겠다는 결심

〈통영오광대〉는 경상남도 통영에 전승되는 탈놀이로, 두 번째 장에 해당하는 '풍자탈'은 평민을 대표하는 말뚝이가 양

학교에 비거니즘을

반을 풍자하고 조롱하는 내용이 주를 이룬다. 〈봉산탈춤〉 등 다른 탈놀이에 등장하는 양반에 대한 풍자와 유사하나 더 직접적이고 신랄하다는 점이 특징이다. 교재에 지문과 함께 제시된 문제들 또한 이 부분을 중점적으로 묻는 문제였다. 예스러운 표현 때문에 학생들이 다소 이해하기 어려운 부분이 없지는 않았으나 지문에 딸린 세 개의 문제를 해설하는 데에는 10분이면 충분해 보였다. 하지만 수업을 준비하다가 다음 대목에서 고민에 빠졌다.

날이 떱떠부러하여지니 양반놈들이 연당 못에 물뱀 새끼 모이듯이 촌 골목에 도야지 새끼 모이듯이 그저 주렁주렁 모아 서서…….

실은 고민할 것도 없었다. 말뚝이가 양반을 비하하려고 동물에 빗댔다고 설명하고 넘어가면 될 일이었다. 하지만 비거니즘을 지향하는 교사라고 떠들고 다니면서 이 부분을 그렇게만 설명하고 넘어가는 일은 쉽지 않다. 왜 말뚝이는 양반을 비인간 동물에 빗댔는가? 왜 하필이면 동물 중에서도 뱀과 돼지인가? 왜 말뚝이는 뱀과 돼지를 '새끼'라고 부르고 있는가? 왜 사람을 동물에 빗대는 일은 비하의 의미를 띠는가? 그렇지만 이 질문들을 수업 시간에 풀어내자니 다음 질문들이 발목을 잡았다. 수능이 200일 정도 남은 고3 학생들을 앉혀

두고 이런 이야기를 해도 될까? 학생들은 내 이야기를 들어 줄까?

수능에 연계되는 교재에서 이 작품을 선정한 이유도 무시 할 수 없었다. 이 교재에 실린 100편이 넘는 문학작품 중에 고전 극문학이 이것 딱 하나 실려 있는데 학생들이 양반을 풍자 한다는 핵심적인 주제가 아닌 동물권만 기억하면 안 될 일이 었다. (사실 그다지 안 될 이유는 없다.) 일단 전체 내용을 읽은 뒤 에 수업 시간을 고려하여 비인간 동물에 대한 비하를 이야기 할지 말지를 결정하자고 마음을 다잡았다. 그리고 다음 몇 줄 을 읽자마자 나는 결심했다. 그래, 이야기하자.

한 가지만 하지 않는 혐오

말뚝이가 양반을 풍자하려고 발화하는 언사는 비인간 동 물 비하에 그치지 않았다. 신분을 바탕으로 양반 계층으로부 터 무시당했던 평민들의 목소리를 대변하는 말뚝이는 양반의 신분이 사실 별 볼 일 없다는 점을 밝히려고 양반의 출신을 깎 아 내리는 전략을 사용했다. 말뚝이가 말하는 각 양반의 '비루 한 출신'이라는 것은 다음과 같았다. 첫째 양반은 그 집안에 기 생이 여덟이나 있었고, 둘째 양반은 계집종의 자손이고, 셋째 양반은 어머니가 한 명인데 아버지가 두 명이며, 넷째 양반은 어머니 행실이 부정하여 전신이 새까매졌고, 다섯째 양반은 부모의 행실이 부정하여 얼굴에 천연두 자국이 남았으며, 여섯째 양반은 집안에 풍기가 심해 전신이 비틀어졌고……. 일곱째 양반까지 가는 짧은 여정이 그야말로 혼돈의 혐오와 차별 대잔치였다.

여기까지 읽고 나니 수업의 방향을 대강 잡을 수 있었다. 말뚝이에게는 양반을 풍자할 권리가 있다. 사회적 소수자가 기득권을 풍자하는 것은 마땅한 권리이며, 모름지기 문학은 그 역할을 할 수 있어야 한다. 그러나 기득권을 풍자하려고 다른 사회적 소수자를 끌어다 쓰는 것은 부당하다. 말뚝이는 집안의 순수한 혈통을 더럽히는 존재로 여성을 가져오고, 여성의 잘못된 행동이 자식에게 문제를 일으켰다고 주장하여 여성 혐오를 일삼고 있다. 장애가 있는 몸에 낮은 가치를 부여해 장애 혐오를 드러내며, 피부색을 바탕으로 비하하는 것은 인종 혐오의 혐의가 있다. 앞서 양반을 비인간 동물에 빗댄 것 또한 명백한 비인간 동물 혐오다. 그리고 이것들은 서로 연결되어 양반을 비하하는 것에 사용되고 있다.

말뚝이가 사용하는 방식은 평민들이 양반들에게 당해 왔던 일상적인 비하를 그대로 돌려주는, 일종의 미러링 전략에 해당한다고 볼 수 있다. 미러링은 그 자체로 충격을 주고 권력을 비판적으로 인식하는 데에 도움이 될 수 있으나 미러링만으로는 권력 구조의 해체를 만들어 내지는 못한다. 실제로 이

작품에서 말뚝이는 양반들의 출신이 별 볼 일 없다는 점을 언급한 뒤에, 자신의 집안에 얼마나 많은 벼슬아치가 있었는지 내세운다. 상대가 가지고 있는 권력을 그대로 빼앗아 기득권의 자리에 앉겠다는 목표는 권력 구조가 가진 폭력성을 그대로 내버려 두겠다는 뜻이다. 말뚝이가 올라선 자리는 여성, 장애인, 다른 인종, 그리고 비인간 동물을 밟고 올라간 자리일 것이다.

이 정도면 작품의 주제에서 크게 벗어나지 않으면서도 학생들이 생각해 봤으면 하는 지점을 어느 정도 짚었다고 생각하고 수업에 들어갔다. 수업은 원활히 진행되었다. 말뚝이의 여성 비하를 이야기하는 지점에서는 학생들의 얼굴에서 '또 저런다' 하는 표정이 잠시 스쳤던 것도 같지만, 대부분 흥미롭게 듣는 듯했다. 작품 설명으로 시작한 이야기가 무슨 '사회변혁을 위한 운동 전략과 정의, 그리고 연대' 같은 내용으로 끝나기는 했지만, 얼추 설명을 마무리 짓고 문제 해설로 넘어갔다.

더 나은 사람이 되리라는 바람

그런데 문제 해설 과정에서 예상치 못한 복병이 등장했다. 학생들이 직접 문제를 풀고 답을 확인하는데, 생각지도 않았던 문제에서 오답이 다수 나온 것이었다. 그 문제는 말뚝이가 양반의 출신을 비하하며 풍자하는 장면 [A]와 자신의 집안이 훌륭하다고 이야기하는 장면 [B]에 대해 옳은 설명을 고르는 문제였다. 학생들이 가장 많이 고른 오답은 다음과 같았다.

[A]에서는 설의적 표현을 활용해 상대의 무능함을 폭로하려 하고, [B]에서는 설의적 표현을 활용해 자신의 유능함을 드러내려 한다.

[A]와 [B]에서 모두 설의적 표현을 활용했으니 상대의 무능함과 자신의 유능함이 관건인데, 말뚝이는 무능과 유능을 이야기하지 않았다. 다만 출신에 대해 이야기했을 뿐이다. 그런데 그것이 몇 명의 학생들에게 능력으로 받아들여졌다니. 나 자신의 혼란을 다스리는 시간이 잠깐 필요하긴 했으나, 그렇게 생각할 만도 했다. 우리 사회는 출신이 능력에 포함되지 않는다고 말할 만한 사회가 아니었다.

그래서 수업은 어떻게 되었냐면, 이런 식으로 흘러갔다.

일단 출신은 능력이 아닌데요. …… 물론 우리 사회는 좋은 집안 출신이면 그게 곧 능력처럼 여겨지기는 하는데요. …… 그건 학벌이나 학력처럼 사회가 만들어 낸 일종의 계급과 같은 것인데요. …… 사람을 계급에 따라 다르게 대우하면 안 되잖아요. …… 아니 잠깐, 학벌이나 학력은 능력이 아니고 계급으로 보는 것이 더 적절하죠. …… 왜냐고요? 대학까지 졸업한 제가 고등학교 다니는 여러분보다 능력이 떨어지는 부분도 많잖아요. …… 그러니까 학벌이나 학력을 가지고 다르게 대우해야 한다는 말은 능력주의가 아니라 그냥 계급에 따라 차등 대우를 해 달라는 주장이지요. 그럼 능력주의는 좋은 거냐고요? 아니, 그건 아니라고 생각하는데요. …… 왜냐고요?

결국 그날 수업은 자신만만했던 교사의 횡설수설로 어영부영 끝나고 말았다. 교무실로 돌아와 한참을 생각했다. 왜 문제를 꼼꼼하게 분석하지 않았을까. 그랬다면 신자유주의 사회의 새로운 계급과 능력주의에 대한 비판으로 멋지게 수업을 끝낼 수 있었을 텐데. 능력주의의 신화가 우리 사회에서 얼마나 많은 소수자에게 낙인을 찍는지, 그 낙인이 여성 혐오, 장애인 혐오, 인종 혐오, 비인간 동물 혐오와 어떻게 공조하여 정상과 비정상의 경계를 구축하는지 자세히 설명할 수 있었을 텐데.

변명이지만, 짧은 수업 시간 안에 제재를 분석하고 문제를 해설하고 다음 제재로 넘어가는 과정에서는 필연적으로 놓치는 것이 많을 수밖에 없다. 모든 차별과 혐오 문제는 서로 얽혀 있고, 이것을 간단하고 명료하게 설명하는 방법은 단언컨대 없다. 페미니즘을 공부하며 배운 가장 중요한 교훈을 꼽으라면, 복잡한 것은 복잡하게 바라보고 복잡하게 설명할 필요가 있다는 것이다. 내 부족함과 실수로 인한 학생들의 혼란을 조금이나마 줄이는 방법은 충분한 시간을 내는 수밖에 없다. 그 시간은 수업을 준비하는 시간이기도 하고, 실행하는 시간이기도 할 것이다. 고민하는 시간이 길수록, 일방적인 설명만이 아니라 학생들의 이야기를 듣는 시간이 많을수록 더 나은 방향을 찾을 수 있을 것이다.

지금 함께 수업하는 학생들과 몇 번의 수업을 더 하고 나면 우리 모두가 더 나은 사람이 되어 있기를 바란다. 우리는 이미 기득권을 비판하기 위한 말뚝이의 전략을 이해하고, 그 의미와 한계에 대해 말할 수 있는 사람들이 되었다. 한 해가 끝나갈 때쯤이면, 우리는 학년 초의 혼란스러웠던 수업을 떠올리며 웃을 수도 있을 것이다.

비건 청소년에서
비건 교사로

비건이라는 이름이 생기기까지

비건교사나는냥 첫 모임 날, 자기소개를 하는 시간이었다. 한 참가자분이 간단한 자기소개와 더불어 각자 언제부터 비건을 시작했는지 이야기하면 좋겠다고 제안했다. 나는 언제부터 비건을 지향했지? 그때 처음 고민해 봤다. 솔직히 기억이 잘 나지 않았다. 대학교 친구들은 내가 고기를 먹지 않는다는 사실을 이미 알았고, 고등학생일 때도 급식에 먹을 만한 음식이 나오지 않아 못 먹었던 기억이 있다. 중학교 다닐 때 삼겹살을 먹은 기억이 있으니 대충 고등학생 때부터 비건을 지향한 듯하다.

특별한 계기는 없었다. 어느 날 갑자기 '지금부터 고기를 먹지 않겠다' 하고 결심한 게 아니라 자연스럽게 먹지 않게 됐다. 다만 내가 급식을 먹으며 자주 했던 생각은 고기는 원래 살아 있는 닭·소·돼지였다는 사실이었다. 그리고 이들이 축사에서 어떻게 살고 있는지 찾아보고 공부하면서 하나씩 하나씩 먹지 않게 되었다. 이후 나는 학생으로, 또 교사로 학교에서 비건을 지향하며 살았고, 지금도 살아가고 있다. 청소년 비건으로서 그리고 초등학교 교사로서 바라본 학교의 모습은 어떤지 이야기해 보려 한다.

내가 고등학생일 때는 한국에 비건이라는 용어가 널리 알려지기 전이었다. 비건보다는 채식이라는 말을 더 쉽게 찾아볼 수 있었고, 절에서 먹는 식단이거나 다이어트, 건강을 위한 식단이라고 생각하는 사람이 많았다. 락토, 오보, 페스코가 무엇이고 어떻게 다른지 알고 있는 사람을 만나 본 적이 없었다. 나도 내가 비건을 지향한다는 사실을 어른이 되고 나서 알았다. 그만큼 비건에 대해서 나도 잘 알지 못했고, 사람들도 잘 몰랐다.

그래서 사람들은 나를 이상하게 여기곤 했다. 지금도 고기는 맛있는 것, 특별한 날에 먹는 것으로 생각하는 사람이 많다. 그래서 내가 고기가 원래 살아 있는 생명이었다고 이야기하면 찬물을 끼얹은 듯 조용해진다. 모임에 와서 왜 밥을 먹지 않느냐, 밥을 같이 먹는 자신을 무시하는 거냐고 화를 내는 사람도 만났다. 많은 사람이 좋아한다고 해서 모든 사람이 좋아하는 것은 아닌데……. 자신과 조금이라도 다른 점을 발견하면 자신이 공격당한다는 생각에 오히려 상대방을 공격하는 사람도 일부 있었다.

비건을 지향한다고 하면 누구나 한 번쯤 들어 봤을 것이다. 질문을 가장한 공격들, 가령 '너만 왜 다른 척하냐', '그럼 식물은 왜 먹냐'와 같은 말들을 듣는 경험을 몇 번 겪고 난 후 나는 비건이라고 더는 말하지 않는다. 대신 알레르기가 있다고 말한다. 교직에 첫발을 내디뎠을 때는 알레르기라고 말해도 '약 먹으면 된다', '고기를 안 먹으면 몸이 아프다' 등등 온갖 이유를 대며 먹으라고 강요하는 사람이 많았다. 하지만 대부분은 알레르기라고 했을 때 쉽게 이해했기에 비건이라고 밝히지는 않았다.

최근에는 조금 달라졌다. 고기를 먹지 않는다고 하면 비건이냐고 먼저 묻는 사람들도 있다. 비건도 단계가 있다고 들었다며 어떤 차이가 있는지(아마도 락토, 오보, 페스코, 폴로 등 채식의 유형을 묻는 질문일 것이다), 맛있는 비건 식당은 어디인지 물어보는 사람도 있다. 일부 행사에서는 주최 측이 비건 식단을 기본으로 제공할 때도 있다. 편의점이나 마트에서도 비건 음식을 비교적 쉽게 찾아볼 수 있고, 비건교사나는냥처럼 비건을 지향한다고 공언하는 사람도 많아졌다. 먹거리뿐 아니라 비건 인증을 받았다는 각종 화장품 등도 부쩍 눈에 띈다. 이런 변화가 굉장히 놀랍고 매우 반가운 한편 이렇게 비건이 널리 알려진다는 것은 정말 기후 위기와 환경오염이 매우 심각해진 결과인 듯해서 무섭기도 하다.

사람들이 비건에 대해 조금씩 알게 되고 나도 나이를 먹어서인지 경력이 쌓여서인지 이제 주변에서 내게 고기를 먹어 보라고 강요하는 일도 많이 줄어들었다. 그럼에도 나는 여전히 비건이라고 밝히지 않는다. 내가 비건이라고 이야기하면 여전히 사람들은 불편해하기 때문이다. 왜 불편한지 짐작은 된다. 내가 비건임을 밝혀야 할 때는 대부분 누군가와 식사를 할 때다. 회식, 여행 등 특별한 모임을 꾸릴 때 사람들은 흔히 특별한 날에는 고기를 먹어야 한다는 생각으로 준비한다. 나와 식사를 하는 상대방도 마찬가지다. 그런데 비건인 나 때문에 자기 계획을 바꿔야 하는 데다 비건에 대해서 잘 알지 못하니 대안을 찾기가 쉽지 않을 것이다. 게다가 아픈 것도 아니고 특정 종교를 믿는 것도 아닌데 고기를 먹지 않는다니……. 신경 쓸 것도 많은데 그냥 조용히 있지 않고 고기를 먹지 않는다고 이야기하는 내가 원망스러울 것이다.

하지만 이런 일이 반복되니 나도 무척 지친다. 내 시간과 감정을 여기에 덜 쓰고 싶다. 그래야 내 시간을 더 바람직한 방향으로 쓸 수 있고 내가 옳다고 생각한 일을 힘내서 꾸준히 할 수 있기 때문이다. 나도 상대도 덜 힘들어할 방법으로 생각해 낸 것이 바로 알레르기가 있다고 말하는 것이다. 때론 비건이라서 고기를 먹지 않는다고 말하지 않는 것이 중요한 문제를 피하는 건 아닌지 의심이 들 때도 있다. 하지만 비건을 이상하게 생각하며 말을 거는 사람과의 언쟁을 줄이고 그 시간과 에너지를 다른 곳에 쓰는 것, 이것이 내가 비건 생활을 지속하는 방법이다. 대신 이렇게 절약한 시간과 감정은 환경 문제와 동물권 이야기를 학생들과 나누는 데 쓰고자 한다.

조금씩 바뀌는 급식

급식이라고 하면 주로 점심 식사를 떠올리지만 학교에서 제공하는 또 다른 급식이 있다. 바로 우유 급식이다. 성장기 학생들의 영양 불균형을 해소하고자 1981년부터 약 40년간 학교 우유 급식 사업이 시행되었다. 나도 초등학생 때부터 고등학교 졸업할 때까지 학교에서 우유를 매일 마셨다. 중학교 때까지는 무조건 흰 우유였는데 고등학교 때는 요구르트, 흰 우유, 두유 등 몇 가지 중에서 선택할 수 있어 두유를 받아 마셨다.

2023년부터 일부 학교는 우유를 직접 배급하지 않고 우유를 구입할 수 있는 바우처를 제공하고 있다. 내가 근무하는 곳도 바우처 사업 대상 학교다. 2022년까지 학기 중에는 매일 흰 우유를, 방학 때는 멸균 우유를 학생들에게 박스로 나눠 줬다. 하지만 2023년부터 학교로 우유가 더는 오지 않는다.

교사들이 결성한 수요일밴드의 〈우유 가져가〉라는 노래가 큰 공감을 샀을 만큼 우유는 선생님들의 골칫거리다. 우유를 먹지 않고 사물함이나 책상 서랍에 넣어 놔서 상해 냄새가 나거나 우유갑을 제대로 정리하지 않아 우유가 바닥에 흐르면 청소해야 하는 날이 다반이다. 학생들이 가져가지 않은 우유를 처리하는 것도 매번 선생님 몫이다.

그런데 내게는 이런 곤란함 외에 다른 문제가 있었다. 우유를 볼 때마다 얼마나 많은 젖소가 폭력에 시달렸을지 생각하며 과연 학생들에게 우유를 매일 먹으라고 하는 게 옳을지 고민에 빠졌다. 학생들에게 우유가 만들어지는 과정이 담긴 영상도 보여 주고 이야기도 나눴다.

하지만 내가 아무리 열심히 이야기해도 학교에서는 여전히 학생들에게 우유를 매일 하나씩 제공한다. 한 개인이 아무리 목소리를 높여도 제도는 바뀌지 않기에 내 말과 수업이 매우 공허하고 학생들에게도 제대로 전달되지 않겠다는 생각을 많이 했다. 그래도 우유를 다르게 바라보게 되는 학생이 한 명은 있겠지 하는 마음으로 우유에 관한 수업을 계속하고 있다.

내가 고등학생일 때는 야간 자율 학습이 이름만 자율이고 실제로는 의무였다. 아침에 별을 보며 등교해서 밤에 별을 보며 하교하는 것이 일상이었고, 점심은 물론 저녁까지 급식으로 먹어야 했다. 당시 나는 비건도 아니고 페스코를 지향했는데도 급식에 먹을 수 없는 메뉴가 많았다. 보통 수요일은 많은 학생이 좋아하는 음식이 나왔는데, 밥·국·반찬 등 메뉴 대부분에 고기가 들어갔다. 그래서 수요일은 특히 더 힘들었다. 점심은 밥이랑 나물 정도만 먹었다. 다행히 집이 학교와 가까워서 저녁은 집에서 먹고 자율 학습을 하러 학교로 되돌아오기도 했다.

요즘은 학생이 못 먹는 것이 급식에 나오면 학교에 민원이 들어온다. 그리고 실제로 메뉴가 바뀌기도 한다. 하지만 내가 고등학생이던 시절 학교 분위기는 오늘날에 비해 자율성이 낮았고 급식 메뉴를 바꿔 달라고 건의하기는 어려웠다. 그런 이야기를 해야겠다고 생각도 못 했다.

교사가 된 지금도 학교에서 급식을 먹는다. 현재 근무하는 학교는 작은 학교라 내가 고기를 먹지 않는다는 사실을 선생님들이 다 알고 계신다. 배식할 때 고기가 들어간 음식은 주지 않고 때론 고기를 뺀 반찬을 따로 만들어 주시기도 한다. 그래도 밥만 먹을 수 있는 경우가 많아서, 내가 먹을 수 있는 반찬이나 다른 먹거리를 항상 준비해 놓고 필요할 때 꺼내 가 밥과 함께 먹는다. 비건을 실천하는 선생님 가운데에는 매일 도시락을 싸서 들고 다니는 분도 있는데 나는 워낙 요리를 못하고 손이 느려서 도시락을 쌀 자신이 없다. 그래서 이렇게 점심을 해결하고 있다.

최근 급식이 바뀌고 있다. 몇 년 사이에 채식 급식에 대한 논의가 활발해졌다. 저탄소 식단 경영 대회, 채식 레시피 공모

전 등이 열린다는 공문이 학교로 온다. 채식 급식에 대한 연수도 생겼다. 예전에는 급식 관련 유인물이라고는 식중독 예방법, 이달의 채소 소개 등이 전부였는데, 요즘은 저탄소 식단을 소개하는 유인물과 엑스자 배너 등 홍보물이 해마다 학교로와 급식실 게시판을 차지하고 있다. 매달 채식의 날을 정해 페스코 식단을 제공하는 학교도 있다. 몇몇 지역에선 채식 선도학교를 선정해 기후 위기 교육과 함께 채식 급식을 제공하도록 하고 있다. 교육 덕분인지 채식을 긍정적으로 생각하는 학생들이 늘어난 사례도 있다.* 환경 및 비거니즘 교육의 필요성을 잘 보여 주는 사례다.

하지만 여전히 채소는 맛이 없다고 생각하며 버리는 학생이 많다. 이 때문에 채식의 날은 유독 음식물 쓰레기가 많이 나온다고 고민하는 선생님도 계신다. 올해 우리 반에도 채소는 절대 먹지 않고 무조건 버리는 학생이 있다. 급식실에서 채소를 먹으라고 말하거나 잔반 검사를 해서 지도하는 방법도 있다. 하지만 이 방법을 쓰면 학생들이 채소를 더욱 싫어하게 될 것 같아 배식을 받을 때 먹을 수 있을 만큼 받고 가능하면 남기지 말라고 말한다. 그러면서 싫어하는 음식도 한번 먹어 보라고 권유한다.

때론 이게 무슨 소용이 있나 싶다. 학생들이 자기 식판에

---

* 〈"고기가 최고"란 아이들도 "채식급식 맛있어요"〉, 《한겨레21》, 2022. 08. 04.

받은 음식을 다 먹더라도 배식 후 남은 음식은 모두 버린다. 학교 급식 기본 방향에 따르면 식중독 등 문제가 생길 수 있어 조리한 음식은 일정 시간 안에 배식하고 이 시간이 넘으면 폐기해야 한다. 일부에선 남은 음식을 기부하자는 의견을 제시하지만 여전히 안전 문제가 남는다. 학생들에게 채식의 필요성과 즐거움을 알리는 한편, 동물 착취와 낭비가 없는 급식을 운영하려면 어떻게 해야 할지 고민하고 시도하는 일이 긴요하다.

동물을 위하는 교육

초등학교 3학년 과학 교과에서 학생들은 동물의 한살이를 배운다. 여러 출판사가 제작한 교과서를 각 학교가 선택하기 때문에 조금씩 다를 수 있지만, 내가 근무하는 학교가 채택한 교과서에선 배추흰나비를 알부터 키우고 관찰하며 한살이를 알아본다. 5학년 실과에서도 동물에 관해 배운다. 동물은 사람이 어떻게 이용하는지에 따라 반려동물과 경제동물로 구분된다. 그리고 동물을 자원으로 활용하는 사례를 살펴보며 우리 생활에서 가죽, 고기 등 동물 유래 자원의 중요성을 알아본다. 국가 수준 교육과정 성취 기준이 이렇게 되어 있으니 그것을 따를 수밖에 없는 교과서도 바뀌지 않는다. 그렇게 학생들은 동물을 자원으로 바라보는 시선을 배운다.

나는 초등학교 교사를 준비하는 대학교인 교육대학교(이하 교대)를 다녔다. 교대에서는 초등학교에서 다루는 모든 과목의 교과 지식과 교육 방법을 배운다. 물론 동물과 관련된 수업도 수강했다. 이 수업에서 돼지를 키울 때 이빨과 꼬리를 언제 잘라야 하는지, 닭이 서로를 부리로 쪼아서 상처가 나기 때문에 부리를 잘라야 한다 등의 내용을 배웠다. 살아 있는 동물 습성을 고려하지 않고 동물을 생명이 아닌 상품으로 생각하기 때문에 일어나는 일들이다. 교육과정이 바뀌지 않으니 교과서는 물론 교사가 되려고 준비하는 과정에서도 이런 내용을 배우는 것이다. 이런 부분을 볼 때마다 사람은 동물과 다른 범주에 속하고(실은 아니지만) 여전히 동물을 마음대로 사용하고 착취해도 된다는 우리 사회의 확고한 믿음을 다시 확인하게 되어 씁쓸하다.

그래도 작지만 바뀌고 있구나 싶었던 부분이 있다. 바로 6학년 국어 교과의 '주장하는 글' 단원이다. 이 단원에는 '동물원이 있어야 하느냐'라는 주제로 이에 찬성하는 글과 반대하는 글을 읽고 그 주장과 근거를 찾아보는 활동이 있다. 양쪽 입장이 모두 등장한다. 동물원을 반대하는 글에는 '동물은 인간의 눈요깃거리가 아니라 그 자체로 존중받아야 하는 생명체다', '동물은 자연 속에서 살아야 한다' 등이 근거로 제시되어 있다. 교과서에 이런 내용이 나오다니 무척 반가웠다. 이 내용을 보고 나도 동물원 관련 수업을 계획할 수 있었다.

　우리나라에서 교사는 교과서가 아닌 국가 수준 교육과정을 학생들에게 알맞게 구성하여 가르친다. 하지만 교과서를 무시할 수 없다. 여전히 교사가 교과서를 가르쳐야 한다고 생각하는 사람이 많고 교사가 교과서에서 벗어난 것을 가르친다면 각종 민원에 시달릴 수 있기 때문이다. 동물권과 관련된 내용이 교과서에 더 많이 나온다면 교사 개인이 그런 부담을 덜 느낄 수 있지 않을까?

　학생이던 시절 과학실에 가면 무서웠다. 화학 약품 냄새, 어둡고 습한 느낌 때문이기도 했지만 무엇보다 제일 무서웠던 건 유리병에 들어 있던 여러 동물 표본이었다. 배를 갈라 장기를 보이게 한 동물을 포르말린과 함께 넣은 병 말이다. 교사가 된 이후에도 동물 표본들이 학교에 있었고 무섭기는 학생 때와 마찬가지였다. 그리고 교육을 위해서 이렇게까지 해야 하나 하는 생각이 강하게 들었다.

　10여 년 전 〈인체의 신비전〉이라는 전시회가 한국에서 열렸다. 사람의 시신을 방부 처리해서 전시한 이 전시회는 다른 나라에서는 인체를 사물화·상품화한다는 도덕성 논란이 불거졌지만 우리나라에서는 과학적·교육적 행사로 홍보되며 흥행했다. '교육적 목적' 아래 사람의 몸을 물건처럼 전시하는 게 용납되었으니, 동물이 교육에 활용되는 것은 더 쉬웠을 것이다.

그래도 동물 표본은 학교에서 점차 사라지고 있다. 2019년에 학교에 포르말린 유출 사고가 연달아 일어나면서 각 지역 교육청은 학교에 포르말린이 쓰인 생물 표본 병이 있는지 조사하고 이를 수거했다. 그리고 각종 사진 및 멀티미디어 자료를 활용해 수업하라는 공문을 보냈다. 안전사고 때문이긴 하지만 동물을 해부해 교육용으로 전시하는 일이 사라지고 있다.

내가 학생일 때 붕어나 개구리 등을 해부하는 실습을 했었다. 과학 시간에 모둠별로 모여 살아 있는 동물 배를 갈랐다. 공부하려고 살아 있는 동물 배를 갈라서 죽인다는 것이 참 힘들었다. 교사가 된 후 초등학교에선 이런 해부 실습을 진행하지 않기에 나는 이 수업을 한 적이 없지만 중·고등학교에서는 여전히 이루어지고 있었다.

그러다 2020년부터 미성년자의 동물 해부 실습을 원칙적으로 금지하는 내용을 담은 〈동물보호법〉 시행규칙 개정안이 시행됐다. 미성년자 정서를 보호하고 동물의 생명권에 대한 인식을 높이기 위해서다. 이에 따라 19세 미만 미성년자는 체험·교육·시험·연구 목적으로 동물체를 갈라서 내부 구조를 자세히 조사하는 해부 실습을 할 수 없다. 여전히 일부 학교에서는 동물 해부 실습을 할 수 있다는 예외가 있지만 이후 학교로 내려온 공문은 영상 등 멀티미디어 자료로 교육을 대체하라고 권고했다(지역마다 다를 수 있다).

고무적인 점은 동물 표본은 안전사고 때문에 없어졌지만

동물 해부 실습은 〈동물보호법〉, 즉 동물의 생명권을 근거로 사라졌다는 사실이다. 우리 사회에 동물도 생명이라는 인식이 더 퍼져서 생긴 변화라고 생각한다.

'비건 청소년에서 비건 교사로'라는 주제로 처음 글을 쓸 때는 학교는 별로 바뀌지 않았다고 생각했다. 멀리서 보면 우리 반 학생들이 생활하는 모습이 내가 학생이던 시절과 크게 다르지 않았기 때문이다. 하지만 글을 쓰면서 다른 선생님들과 이야기 나누고 자료도 찾아보며 천천히 곱씹어 보니 크고 작은 변화를 발견할 수 있었다. 이런 변화가 참 반갑고 힘이 된다.

환경 관련 수업을 하다 보면 매우 두려워하거나 어차피 망했으니 이렇게 살다 죽을 거라고 말하는 어린이를 만나게 된다. 학생들이 그런 감정과 생각에 빠지지 않도록 심각한 현황을 설명하되 조금이라도 긍정적으로 변화한 사례를 꼭 제시한다. 그러면 자포자기하는 반응이 줄어들고 뭐라도 하려는 의지를 다지는 어린이들을 만날 수 있다. 이처럼 이 글을 쓰면서 발견한 변화가 비건 실천에 지치고 회의감에 휩싸인 나를 북돋고 다시금 실천하려는 의지를 다져 주었다. 이 글을 읽는 다른 비건들도 느리지만 조금씩 학교가 바뀌고 있고, 내가 한 노력이 헛되지 않다는 위로를 받기를 바란다.

비건을 지속하는 비결

내가 사는 곳은 수도권이 아니다. 지금 당장 비건 식당을 검색해 보면 식당들은 수도권에 주로 집중되어 있다. 내가 사는 지역에도 조금씩 생겨나고 있지만 그 수가 매우 적다. 상황이 이렇다 보니 비건을 지향하는 사람을 만나면 참 반갑다. 비건교사나는냥의 동료 선생님들처럼 비거니즘과 교육에 관심을 갖고 살아가는 사람들을 만날 수 있어 감사하다. 모임의 여러 선생님이 실천하는 모습을 보며 나도 지치지 말고 비건을 계속 실천해야지 다짐한다.

나는 완벽하게 비건을 실천하지 못할 때도 있다. 다른 선생님들은 완벽하게 비건으로 살아간다고 짐작했고 그래서 의기소침해질 때가 많았다. 그러다 다른 분들 이야기를 듣게 되었다. 비건이 아닌 음식이 너무 먹고 싶어서 한 번씩 먹는다든가, 식당에 갔는데 정말 먹을 수 있는 음식이 없어서 대안으로 멸치 국수를 고른다는 등 솔직한 이야기들이었다. 자신이 좋아하는 아이돌 굿즈를 사면서 '지구야, 미안하지만 내가 비건 몇 명 더 만들게!' 하고 다짐한다는 선생님도 있었다. 다들 시행착오를 겪으며 살고 있었다. 완벽한 비건이지 못한 내 모습에 대한 죄책감이 조금 줄어들었다. 그리고 오늘 실수했지만, 내일은 실수하지 말자 다짐하며 비건 생활을 이어갈 수 있게 되었다.

최근에 이런 죄책감을 줄이고 비건을 실천하려는 사람들에게 도움이 되면 좋겠다는 마음으로 내가 사는 지역의 비건 지도를 만들고 있다. 많은 비건이 포털 사이트에 '동네 이름+비건'으로 식당을 검색할 것이다. 나도 그렇게 비건 식당을 검색하다가 내가 사는 곳에서 비건 지도를 만드는 모임을 찾았고, 활동에 동참하기 시작했다. 동네에 비건으로 먹을 수 있는 식당과 카페에 직접 방문해 그곳이 어떻게 생겼고, 어떤 메뉴가 비건이 가능한지, 비건으로 주문하려면 어떻게 해야 하는지 등을 살펴보고 음식도 사서 먹어 본다. 내가 살펴본 내용을 모임에 공유하면 다른 분이 다시 그곳에 가서 더 꼼꼼하게 확인한 후, 그곳을 블로그와 온라인 지도에 소개하고 있다.

새로운 곳을 하나씩 발견하는 재미도 있고, 다른 분들이 적극적으로 식당을 설득하는 모습에 힘도 난다. 우리 동네에도 비건이 있고, 비건이 아니어도 윤리적 소비를 실천하는 사람이 많다. 식당이나 카페에 이 사실을 알리며 앞으로 계속해서 비건 수요가 늘어날 것이라 설득하고 비건 메뉴를 요청하는 일은 용기를 준다. 실제로 비건 메뉴를 추가한 식당도 생겼다. 동네에 비건이 아닌 친구들과 함께 갈 수 있는 곳이 늘어나니 시행착오도 불편함도 줄어든다. 혼자라면 이런 변화를 생각하지 못했을 것이다. 혼자서 비건을 실천하기보다 다른 사람과 함께하면 더욱 오랫동안 실천할 수 있겠다 싶다.

비건으로 살아가는 것은 불편하다. 그래도 꼭 필요한 일이라 생각해서 불편함을 감수한다. 비건은 기후 위기와 동식물의 멸종을 막는 방법이고, 우리가 이를 해결할 수 있는 마지막 세대라고 생각하기 때문이다. 가능한 많은 사람이 비건을 실천하길 바란다. 막상 시작하면 생각보다 해 볼 만하다. 하지만 사람은 각자 사정이 다르다는 것을 안다. 이 때문에 남들에게 적극적으로 참여를 권유하지는 못한다. 같이 해 주면 감사하고 해 주지 않으면 아쉽지만 그래도 나만은 계속해야지, 오늘도 다짐한다.

2부

학교에 비건의 자리가 있을까

하나의 씨앗을 심는 마음으로 함께 건의하는 비건 급식

씨앗 심기: 비건 만나기

"침묵은 나를 지켜 주지 않는다." 흑인 레즈비언 페미니스트 오드리 로드Audre Lorde의 이 말은 오랫동안 내 마음속 어둠을 비춰 온 등대다. 침묵하지 않고 정체성을 드러내더라도 반갑게 받아들여지는 상황을 얼마나 자주 만날 수 있을까? 난 교사로서 첫걸음을 내디디며 비건을 시작했다. 비건을 다짐한 후 만나는 이들에게 비건 실천을 고백했을 때 익숙한 상대조차 날 선 태도를 보였다. 그 뒤로도 나의 개인적인 '취향'이 상대의 선택지까지 좁혀 버렸다는 시선을 견뎌야 했다. 비건이라는 수식어 하나에 어긋났던 대화와 시선을 기억한다. 나는 비건으로 환대받지 못했고, 그렇게 쌓인 타인의 냉대는 쉽게 입을 막았다.

어떤 존재를 받아들이려면 자신이 믿던 공고한 세상에 생길 균열을 감내해야 한다. 비건은 기존의 관념과 체제를 뒤흔드는 존재 중 하나다. 사람들은 대부분 스스로 구축한 세상이 그대로 유지되길 바라기에 비건에 대한 거부감이 더욱 클 수밖에 없다. 어느 순간 침묵하던 나는 비건을 불편해하는 사람들에게서 스스로를 지키기 위해서라도 비건이라는 정체성을 드러내야 한다고 결심했다. 물론 가시화는 두렵다. 가혹한 시선과 비판을 삼키고, 고통과 질타를 껴안아야 한다. 하지만 두려움이 사라진 순간만을 기다리며 침묵한다면 우리는 점점 거대해지는 침묵에 깔려 질식하고 말 것이다.

그 후로 난 교실에서 비건이라는 정체성을 적극적으로 드러냈다. 나를 만나 인사하고 웃음을 나눈 일상이 부디 학생들에게 낯선 선택지를 제시하는 하나의 씨앗이 되길 바랐다. 동화 《잭과 콩나무》에서 평범한 일상에 균열을 냈던 씨앗처럼 단숨에 경계를 넘어 버리는 경험을 꿈꿨다. 경험은 우리의 생각보다 강렬하다. 한번 경계를 넘어 맞잡은 두 손은 여간해서 끊어지지 않는다. 비건에게 한 번이라도 손을 내밀어 본 이라면 다음에 만날 비건도 팔 벌려 환대할 수 있으리라 믿었다. 그런 믿음이 쌓여 비거니즘 수업을 시작할 수 있었다.

비거니즘 수업을 운영하다 보면 주관적인 수업이란 평가

에서 벗어나기 어렵다. 그때마다 교사의 수업이 완벽하게 객관적일 수 있을까 자문했다. 사회는 객관성을 보편적 가치로 인정하지만, 교사는 수업에서 주관을 배제할 수 없다. 하늘에 있는 같은 태양을 보더라도 시선의 주체에 따라 태양을 감각하고 표현하는 방식이 다를 수밖에 없기 때문이다. 추위에 떨던 이라면 태양의 따뜻함을 고마워하고, 가문 땅으로 고통을 겪던 이라면 태양을 원망할 것이다. 교사는 맥락에 따라 태양의 따뜻함과 가문 땅의 고통을 함께 나눌 수 있어야 한다.

비건 교사로서 내가 품은 질문은 '공장식 축산과 동물권 이야기가 소거된 수업은 괜찮은가'였다. 비건인 나로서는 기존 패러다임에 갇혀 보이지 않았던 동물들의 고통이 교실 수업에서 다루어져야 마땅하다는 생각이 들었다. 이러한 나의 맥락이 반영된 비거니즘 수업은 주관적이었지만 학생들 그리고 더 많은 선생님과 나누고 싶은 이야기였다. 다양한 관점에서 분출되는 목소리가 있을 때 생각은 고이지 않고 건강하게 흐른다. 학생들에게 비건 교사와의 친밀한 만남은 새로운 앎의 씨앗이 되었다.

물 주기: 비건 알아보기

나는 수년간 1년 단위 프로젝트로 환경 교육을 진행해 오고 있다. 그 속에서 비거니즘 교육은 동물권, 생물 다양성, 기후 위기 주제와 함께 다루어진다. 이는 비건 실천이 지구 생태계와 비인간 생물 전반에 막대한 영향을 미친다는 사실을 단적으로 보여 준다.

수업에서 비거니즘을 다루고자 했던 가장 큰 이유는 나를 설명하기 위해서였다. 학생들은 교사인 내가 왜 급식을 먹지 않고 도시락을 준비해 오는지 무척 궁금해했다. 궁금증을 해결하고자 그림책을 활용한 수업을 구상했다.《더 이상 아이를 먹을 수는 없어!》를 활용하면 학생들에게 무겁지 않게 비거니즘을 소개할 수 있었다.

제목에서 유추할 수 있듯이, 이 책은 '아이를 먹는 세상' 이라는 다소 파격적인 설정에서 시작된다. 먹을거리로 아이를 즐겨 먹던 괴물들이 어느 날 아이들을 먹지 않기로 약속하며 이야기는 변곡점을 맞는다. 평소 즐겨 먹지 않던 채소는 주식이 되고, 음식이던 아이들은 자유롭게 뛰어놀고 배울 수 있는 존재가 된다. 당연하게 답습했던 체제가 역전되는 구조를 재미있게 구현해 냈다. 책은 우리가 의심 없이 음식이라 여겼던 존재에 관해 새로운 질문을 던진다.

책을 읽은 뒤에는 학생들과 그동안 당연하다고 생각했던 것이 의문으로 바뀐 경험을 공유한다. 학생들과 교사는 의문을 나누는 과정에서 각자의 생각을 확장한다. 음식으로 여겨왔던 동물들이 어떤 고통을 겪는지 알게 된 후 비건이 되었다고 말하는 교사를 보며 학생들은 자연스럽게 비건의 선택을 이해한다. 교사가 비건 정체성을 숨김없이 소개하는 과정에서 학생들은 자신 안에 숨어 있는 씨앗을 찾는다. 스스로 알아채지 못했던 씨앗이 간질간질 몸을 움직이며 더 넓은 세상이 궁금해진 것이다. '비건이라니! 더 이상 아이를 먹지 않는다니!'

그 후로 학생들은 친구에게 나눠 주려고 가져온 과자를 선생님도 먹을 수 있는지 확인하고, 익숙한 음식을 비건식으로 바꾸는 조리법을 묻기도 한다. 학생에게 일상 속에서 고려할 선택지가 확장된 것이다. 누가 시키지 않아도 새롭게 시작된 고민은 차곡차곡 쌓인다. 교사인 나는 그저 세상이 궁금해진 씨앗을 찾아 물을 주면 된다.

싹 틔우기: 비건 해 보기

시대가 바뀌며 비건을 선택하는 이들에 대한 사회적 인식은 점차 우호적으로 변하고 있다. 불과 몇 년 사이에 비건 옵션이 가능한 식당이 생기고, 많은 기업이 다양한 비건 상품을 생산하고 있다. 하지만 세상의 발 빠른 변화와는 별개로 비건은 작은 단위의 친밀한 관계에서 여전히 갈등을 겪는다. 나와 무관한 타인의 비건 지향은 담백하게 응원하던 이도 밀접한 관계에 있는 이의 비건 지향에는 방어적인 태도를 보인다.

비건을 지향하는 교사와 관계를 맺으며 학생이 비건 실천을 시도하는 경우 학생 보호자의 반응 역시 유사했다. 학생 보호자에게서 '선생님의 비건 지향은 개인의 실천이니 상관할 일이 아니지만, 학생에게 편향된 시선이 아닌 중립적인 교육을 부탁드린다'라는 장문의 메시지를 받기도 했다. 비거니즘 수업은 육식 중심의 문화 속에서 배제되기 쉬운 비(非)육식의 문화와 윤리를 다루니 오히려 더 균형 잡힌 수업이 아닌가? 이런 고민과 갈등 속에서도 할 수 있는 한 내가 아닌 존재들과 연결되는 수업을 지속했다.

부지런히 씨앗을 찾아 물을 줬으니 싹이 트는 건 당연했다. 비거니즘 수업에 참여하며 학생은 낯선 질문을 수없이 받는다. 그 질문을 대하는 무게는 학생마다 다르지만, 누군가에게는 당연했던 구조에 분명한 균열이 생긴다. 2학기에 접어들며 한 학생이 내게 다가와 자신도 급식 시간만큼은 비건을 실천하고 싶다고 고백했다. 한 학기 넘게 비거니즘 주제가 녹아든 수업을 함께했으니 일어날 수 있는 일이었지만 나는 우물거리며 당황했다. 학생은 아직 가정의 보호자를 설득하지 못해 도시락을 준비할 수 있는 상황이 아니었다. 급식에서 먹을 것과 먹지 않을 것을 구분해 실천하겠다는 말에 어지러움을 느꼈다. 과연 학생이 점심 식사를 제대로 할 수 있을까 걱정만 앞섰다.

사실 이건 비거니즘 수업을 진행하며 막연하게 꿈꾼 상황이었다. 교사의 수업으로 학생의 일상이 변하고 실천으로 이어지는 이상적인 상상. 상상 속에서는 언제나 두 팔을 벌려 비건을 환대하는 모습이었는데, 현실은 막막하기만 했다.

물론 학생의 선택을 존중했다. 사실 그를 막을 이유는 어디에도 없었다. 대신 학생의 동의를 구하고 식단을 기록하기로 했다. 급식 시간에 먹을 수 있는 것만 배식받은 후의 썰렁한 식판을 사진으로 찍었다. 일주일간 그는 흔들리지 않고 실천을 지속했다. 하루는 밥과 두부조림을 먹었고, 다음 날에는 밥마저 햄이 들어간 볶음밥이 나와 아무것도 먹을 수 없었다. 영양사 선생님께 겨우 사정을 이야기해 흰 쌀밥을 받아 나물 반찬 하나로 식사를 마쳤다. 난 비건을 결심한 뒤로 줄곧 도시락을 챙겨 다녔으니 급식 식단에는 당연히 관심을 두지 않았다. 급식과 무관하게 언제나 내 몫의 식사를 준비할 수 있었기 때문이다. 그 결과 학생의 옆에서 색색으로 가득 찬 도시락을 삼킬 때마다 목이 막혔다.

부끄럽지만 이번 일로 비건에게도 선택지가 있다는 착각에 빠져 있었음을 알게 되었다. 비건을 실천하며 도시락을 준비했으니 그 자체가 내게 주어진 선택지라 생각했다. 하지만 제대로 점심 식사를 해결하지 못하는 학생을 보며 학교 급식은 비건에게 선택지 자체를 제공하지 않았다는 걸 깨달았다. 급식은 학교 공동체에 속한 이라면 누구에게나 보편적으로 제공되어야 하는 식사다. 하지만 많은 경우 소수자의 정체성과 권리가 보호받지 못하듯 비건 역시 개인의 취향으로 치부되며 충분히 존중받지 못한다. 개인의 취향에서 파생된 불편함은 당사자가 노력으로 채워야 한다는 건 우리 사회가 소수자를 대할 때 흔히 보이는 태도다. 나 역시도 아무런 의심 없이 자연스럽게 도시락을 내 '선택'이라 여겼으니까.

공동체 속 비건 실천을 진지하게 고민하게 된 계기는 함께 비건을 지향하는 다른 타자를 만나고부터다. 비건 한 명이 버티는 일로 해결하는 것이 아닌 누구라도 시도할 수 있는 선택지를 제시해야 했다. 비겁하지만 난 줄곧 갈등을 피하려 했고, 체제를 깨부수는 일에 피로감을 느꼈기에 급식 문제에는 등을 돌렸다. 하지만 이제 곁에 있는 작은 비건 친구를 위해서라도 비건 급식 문제를 외면할 수 없었다.

나아가기: 비건 함께하기

빈약한 비건 급식 기록을 학급에서 전시하기로 마음먹은 건, 이 문제가 비건을 지향하는 단 한 명의 몫이 되어서는 안 된다고 생각했기 때문이다. 비건을 혼자만의 신념으로 여기며 지켜 나가는 건 자유로운 동시에 외로웠기에 함께하는 목소리를 만들고 싶었다. 비건 급식은 비건이 속한 공동체 전체의 문제이며, 공동의 문제를 해결하려면 모두의 관심과 참여가 필요했다.

친구의 급식 사진을 본 학생들의 반응은 각양각색이었다. 저렇게 먹고 어떻게 사느냐는 냉소적인 반응부터 배가 고프진 않았는지 걱정하는 공감까지. 사진을 보며 학급 학생들과 나누고 싶었던 쟁점은 '비건은 어떻게 존중받아야 하는가'였다. 다수의 의견이 아닌 경우 존중받기보다 사회적으로 배제되고 묵인되는 경우가 대부분이다. 학생들은 비건이 지금과 같은 기후 위기 상황에서 우선적으로 실천되어야 할 인류의 생활양식이라는 데에 동의했다. 나는 엄격한 비건으로 가는 일은 시간과 노력이 소요되며, 완벽에 대한 부담 때문에 시작조차 하지 않는 것보다는 육식을 소비하지 않으려는 작은 시도가 필요하다고 덧붙였다. 이러한 실천에 더 쉽게 접근하려면 학교 급식 역시 비건을 선택할 수 있도록 준비되어야 했다.

그 후 학급에서 더 깊이 비건 급식 문제를 다루고자 찬반 토론을 진행했다. 토의가 아닌 토론을 선택한 이유는 비건 급식의 의의와 한계를 학생 스스로 탐구하고 알아 가길 바라서였다. 비건을 위한 식사가 마땅히 고려되어야 한다는 주장과 더불어 반대 의견 역시 비판적으로 조사할 필요가 있었다. 토론을 준비하고 참여하는 과정은 모두에게 소중한 배움의 기회가 된다. 나와 다른 사람의 의견을 경청하고 차이를 존중하는 과정은 그 자체로 중요하다.

학생들은 토론을 통해 비건도 급식을 충분히 누릴 수 있는 것이 '인권'이라는 결론에 이르렀다. 인권. 토론 끝에 도착한 두 글자에 비건 앞에 펼쳐진 선택지가 한없이 넓어지는 듯했다. 학생들은 토론에서 멈추지 않고, 학교에 비건 급식을 건의했다. 학급 자치회 시간을 활용해 '모두를 위한 급식'을 준비해 달라는 의견을 제시했다. 학교 측은 학생의 의견을 진지하게 받아들여 비건 급식을 고려해 보았지만, 현실적으로 구현하기 어려운 점이 많다고 답했다. 대신 간헐적으로 운영되던 채식 급식의 날을 일주일에 한 번으로 고정해 진행하겠다고 약속했다.

비건 급식 운영의 현실적인 어려움으로 지적된 건 지나치게 적은 수요였다. 수요가 적으니 운영 자체가 비효율적이라는 것. 그렇다면 비건은 왜 수요가 많은 보편적인 식사 양식이 되지 못했을까? 자본주의 질서 아래서 육식은 다른 산업과 마찬가지로 빠르게 성장했다. 낮은 가격으로 소비자의 요구에 부응하는 품질의 고기를 생산하려고 노력했고, 그 결과 오늘날과 같은 공장식 축산 방식이 도입되었다. 그렇게 육식은 가성비 있는 음식 재료로 우리 생활에 자리 잡아 습관이 되고 문화를 만들었다. 우리는 태어난 후 자연스럽게 고기가 포함된 식사를 제공받고 광고와 미디어를 통해 끝없이 육식을 주입받지 않던가. 이러한 이유 때문이라도 비건 급식은 제도적으로 운영되어야 한다. 비거니즘이 공동체에 자주 노출될수록 우리의 상상력은 확장된다.

학생들은 멈추지 않았다. 세상에 대해 품은 궁금증에 손을 뻗은 뒤로는 이것저것 새로운 만남이 이어졌다. 처음에는 체험자의 마음으로 비거니즘을 접했지만, 어느새 적극적인 당사자로 비거니즘을 바라보게 되었다. 동물권 수업을 마치고 나서 학생의 요청으로 비건 요리 경연 대회가 열렸다. 참여를 원하는 학생이라면 누구나 자신이 좋아하거나 나누고 싶은 음식을 비건으로 바꾸어 요리하면 됐다. 일주일의 대회 기간에 학생들은 자신이 만든 음식의 사진만 제출하면 그만이었지만, 손수 만든 음식의 맛을 나누고 싶어 음식을 가져온 학생들 덕에 아침이면 교실은 침이 꼴깍 넘어가는 음식 냄새로 가득했다. 채소를 듬뿍 넣어 끓인 카레와 두부로 만든 동그랑땡, 비건 초콜릿 쿠키까지 다양한 음식을 나눠 먹으며 충만함을 느꼈다.

비건 친화적 공동체를 만들어 가는 일은 동물을 고통에서 해방하고, 인류로 인한 지구온난화를 막는 과정으로 인식될 필요가 있다. 한 끼의 식사는 나의 즐거움을 챙기는 행위일 뿐 아니라 살아 있는 모든 것과 연결되는 일이다. 학생들에게 비거니즘을 알리고 비건의 삶을 보여 주려고 시작했던 수업은 그들 마음속에 있는 씨앗에 싹이 트며 매번 예상치 못한 전개를 맞았다.

나아가기: 새로운 비건 만나기

의식하지 않았지만, 비거니즘 수업을 진행하며 학생을 전적으로 믿었던 것 같다. 수업의 기승전결 중 '기'만 겨우 던져두었으니 말이다. 수업은 처음부터 완성되어 있지 않았다. 우리는 매일 새로운 지도를 함께 그렸다. 혼자 시작한 수업이 모두에게 점점 번져 나가는 모습을 보며 희망을 느꼈다. 학교에 비건 급식을 요구하는 일 역시 혼자라면 닿지 못했을 결말이다.

비거니즘을 주제로 한 수업을 운영하며 다양한 갈등을 관통했다. 그럼에도 매번 곁에 있던 학생과 동료의 응원이 있어 외롭지 않았다. 비거니즘을 지향하며 한 명의 실천으로 세상이 바뀔 수 있느냐는 질문을 수없이 받는다. 하지만 단 한 사람인 나로 인해 단 한 명(命)˙의 생명을 살릴 수만 있다면 더는 의심하지 않고 계속 실천하기로 했다. 모든 변화는 작은 것이 모이고 모여 온전하게 완성되는 법이니까! 오늘도 난 마주 앉아 비거니즘을 나눌 새로운 당신을 기다린다. 어쩌면 당신 안에 숨겨져 있던 씨앗은 이미 싹트고 있을지도.

- 인간을 세는 단위인 '이름 명(名)'이 아니라 '목숨 명(命)'을 쓴 이유는 일반적으로 비인간 동물을 셀 때 사용되는 '마리'에는 인간과 비인간 동물을 위계적으로 나누는 가치관이 반영되었기 때문이다. 인간과 비인간 동물을 구분 짓지 않고자 생명을 가진 존재를 뜻하는 '목숨 명'을 사용했다.

가난한 내가 아름다운 '나다움'을 사랑해서

내가 사랑하는 것들에 대하여

겨드랑이 사이에서 골골 소리를 내며 잠든 고양이와의 시
간, 씨앗에서 돋아난 새싹의 어제와 오늘을 자세히 관찰하는
일, 흙 속에서 발견한 통통한 지렁이, 텃밭의 사계절, 흙냄새가
나는 숲을 걷는 일……. 생명력을 가진 존재들의 시간이 느껴지
는 순간을 좋아한다. 어린이와 보내는 시간을 좋아한 이유도
이런 이유였는지도 모르겠다. 어제는 미처 보지 못했던 어떤
존재를, 어떤 순간을 끈질기게 찾아내는 어린이의 시선이 좋
았고, 그 시선을 따라가며 함께 새로운 것을 발견하게 되는 시
간이 좋았다. 내가 사랑하는 것들이 결국 나를 만든다고 생각

한다. 내가 만나는 사람, 즐기는 취미, 좋아하는 음식 같은 것들 말이다.

　오래전에 언니가 이런 말을 한 적이 있다. "'재능'은 '재미있어하는 능력'의 줄임말 같다."라고. 어떤 일에 재미를 느끼면 그것을 깊게 알고 싶어지고, 또 그 일을 지속할 힘이 생기니까 말이다. 한 가지 일을 지속한다는 건 쉽지 않은 일이고 그 시간이 길어질수록 더욱 어려울 것이기에 곱씹을수록 고개가 끄덕여지는 말이다. '재미'를 그저 취미의 영역으로만 생각해 왔는데 재미를 느끼는 것 자체를 능력의 영역으로 생각하고 나니 좋아하는 것을 다양하게 많이 만들어야겠다는 다짐도 생겼다.

　좋아하는 것이 생긴다는 건 지키고 싶은 게 생기는 일이기도 했다. 문화생활을 즐기는 내게는 다양한 이야기를 들려주는 독립 영화가, 독립 영화 전용 상영관이, 지역 영화제가 그런 것들이었고, 나아가 문화 예술인에게, 성소수자 친구에게, 장애인 동료, 난민과 빈민, 여성과 비정규직 노동자에게, 어린이들에게 마음이 기울었다. 그렇게 하나씩 지키고 싶은 것, 연대하고 싶은 것들이 늘어 갔고, 모두가 서로 연결되어 있다는 사실을 알게 됐다. 그리고 삶의 터전인 지구와 그곳에서 함께 살고 있는 비인간 동물들에게까지 시선이 닿았다. 모든 존재가 '나다움'을 잃지 않길 바라게 됐다.

　나의 경우, 내 주변에서 함께 살아가는 다양한 존재에 시선을 두며 공존을 모색했던 것은 나 자신을 더 명확하게 알아가기 위함이었다. 마음이 기우는 곳에 마음을 쓰는 시간이 쌓이면 그것이 곧 내가 된다고 믿었고, 나 자신을 잘 알아야 스스로를 잘 돌보고 사랑할 수 있다고 생각했기 때문이다. 그리고 유치원 교사로서 이런 시선을 어린이들과도 나누고 싶었다. 오랜 시간을 유치원에서 보내는 어린이들에게는 유치원 교사의 삶의 태도가 자기 자신과 세상을 대하는 태도를 배우는 데 중요한 역할을 한다고 생각했다. 나부터 유치원에서 비건 식사를 시작해야겠다는 결심이 섰다. 아니, 어쩌면 어린이들이 이미 가지고 있을 세상을 바라보는 마음과 시선들을 '주변 어른들 때문에' 잃어 가지 않도록 하고 싶은 마음에서였는지도 모르겠다.

비건 지향 유치원 교사의 '나다움'

하지만 슬프게도 유치원(어린이집)에서 교사가 점심을 비건으로 챙겨 먹는 일은 쉽지 않았다. 그 이유를 설명하려면 먼저 유치원의 점심시간을 조금 더 들여다볼 필요가 있다. 유치원의 점심시간은 식습관을 비롯한 어린이들의 기본 생활 습관을 기르는 시간이기에 한 시간 사이에 꽤 많은 지도가 이루어진다. 대상 연령에 따라 점심시간의 풍경이 조금씩은 다르겠지만, 유치원의 최고 학년인 만 4~5세 기준으로 말해 보도록 하겠다.

먼저 배식 지도. 어린이가 스스로 먹을 수 있을 만큼의 음식을 골고루 덜어 갈 수 있도록 한다. 식판을 어떻게 들어야 하는지부터 알려 줘야 할 때도 있다. 그다음은 식사 예절 지도. 바른 자세로 앉아 즐겁게 골고루 꼭꼭 씹어 먹도록 안내한다. 숟가락과 젓가락 사용법도 함께 알려 준다. 식사를 마치면 자신이 먹은 자리는 스스로 치울 수 있도록 지도한다. 정확히 말하면 스스로 치워 보는 경험을 할 수 있도록 하는 것이다. 사실 진짜 마무리 정리는 선생님의 몫이다. 다 끝난 것 같지만 양치가 남았다. 식사 후에는 어린이가 스스로 꼼꼼히 칫솔질할 수 있도록 지도한다. 치약과 양치 컵은 어린이들이 식사를 마치기 전에 교사가 미리 준비해 두어야 하며, 치약 짜는 법부터 사용한 칫솔을 깨끗이 헹구는 법까지 알려 준다.

그리고 진짜 최종 마무리, 식후 활동이다. 식사를 빨리 마친 어린이가 점심시간이 끝날 때까지 안전하게 놀 수 있도록 지도한다. 어린이들은 각자 먹는 속도가 달라서 식사에 소요되는 시간의 차이가 크다. 식사를 빨리 마친 어린이는 10분이면 양치질까지도 마치지만, 느린 어린이는 점심시간 한 시간을 다 채워도 아직 식사 중일 때도 있다. 그래서 식사를 빨리 마친 어린이는 안전하게 놀 수 있도록, 식사를 덜 마친 어린이는 한정된 시간 안에 식사를 잘 마칠 수 있도록 지도해야 한다.

점심 지도에 포함된 내용은 사실 위에 적은 것보다 훨씬 더 세분되어 있고 상황에 따라 추가되기도 한다. 자신을 스스로 돌보는 법을 이제 막 배우기 시작하는 어린이들에게는 모든 것이 처음이라 한 명, 한 명, 하나씩 천천히 반복해서 가르쳐 주어야 하기 때문이다. 또 여러 돌발 상황이 자주 발생하는 시간도 바로 점심시간이다. 그 가운데 모든 어린이를 하나하나 지도하려면 한 시간이 정신없이 흘러간다.

그래서 유치원의 점심시간은 '전쟁 같은 시간'이라고 불리곤 한다. 몰아치는 상황 속에 교사는 식사를 5분 만에 마시듯이 하는 경우가 허다하다. 어린이들의 배식 지도를 마친 후에야 배식받아 식사를 시작할 수 있지만, 식사하는 와중에도 어린이들을 위한 식사 지도, 양치 지도, 식후 활동이 기다리고 있으니 교사의 식사 시간은 짧아질 수밖에 없다.

이쯤 되면 유치원 교사가 비건으로 점심을 먹을 수 없는 가장 큰 이유를 알게 되었을 것이다. 바로 '짧은 식사 시간' 때문이다. 아니, 식사 시간이 아무리 짧더라도 도시락을 비건으로 싸 온다면 비건식으로 먹을 수는 있는 거 아닌가? 그렇다. 도시락으로 비건식을 싸 오는 것이 현실적으로는 가장 이상적이다. 하지만 유치원 교사가 도시락을 싸는 게 가능한가? 메뉴 고민부터 조리, 설거지까지 도시락을 싸는 일은 절대 쉬운 일이 아니다. 특히나 돌봄 노동과 각종 업무, 야근으로 이미 체력이 소진된 유치원 교사가 매일 퇴근 후에 혹은 출근 전에 도시락을 싼다는 것은 불가능하다고 단언한다.

아 그래도, 요즘엔 컵밥이나 냉동 주먹밥 같은 비건 간편식도 많으니 도시락 대신에 간편식을 먹을 수 있는 거 아닌가? 언뜻 듣기에 좋은 방법일 수 있으나 전쟁이란 말 외에는 표현할 단어가 없는 유치원의 점심시간에는 전자레인지를 돌릴 여유도 없다. 원마다, 개인마다 사정이 다를 수는 있겠지만 대부분 점심시간은 손이 모자랄 정도로 바쁘다. 교사 혼자서 모든 어린이를 지도하는 것은 아니지만 모든 교사가 촘촘하게 짜인 각자의 역할을 톱니바퀴 돌아가듯 수행 중인 상황에서 혼자 전자레인지를 돌리러 가는 것은 물론 냉장고에서 무언가를 꺼내러 가는 것조차 불가능하다. 쉬는 시간에 미리 준비하면 되지 않냐고도 하던데, 유치원은 쉬는 시간이 없다. 초·중·고등학교는 수업을 마치면 다음 수업 시간까지 짧게 쉬는 시간이 있지만 유치원은 다르다. 첫 번째 어린이가 등원한 순간부터 마지막 어린이가 하원하는 순간까지 교사에게 쉬는 시간은 따로 없기 때문에 유치원 교사들은 화장실 갈 시간조차 없어 방광염에 자주 걸리기도 한다.

그렇다면 정말로 유치원 교사가 점심을 비건으로 먹는 것은 불가능한가? 내 경우에는 작은 실천이라도 해 보겠다는 의지로 타협한 바는 있었다. 논비건으로 제공되는 급식을 비덩주의로 먹는 것이었다. 덩어리 고기는 먹지 않되 육수 등은 허용하는 방식인데, 사실 비덩주의 실천은 자기만족에 가깝긴

하다. 어린이들과 같은 식판에 비슷한 메뉴를 담아 먹는 것이라 어린이들이 교사의 식사 메뉴에 관심을 가질 수도, 비건을 궁금해할 수도 없기 때문이다.

비덩주의 실천은 잘 이루어지느냐, 그것도 아니다. 급식에 논비건 볶음밥이 나오거나 먹을 수 있는 게 밥뿐인 날이면 난처한 고민에 빠졌다. 돌봄 노동은 체력 소모가 커서 눈에 보이는 건 다 먹어야 힘이 나기 때문에 점심을 거를 수는 없었고, 그럴 때는 결국 자기만족이 아닌 '자기 합리화'를 택해야 했다. 그런 날에는 내가 할 수 있는 선에서 최선이었다고 생각하면서도 그간의 실천이 내게도, 주변에도 아무 의미 없는 게 아닐까 싶은 마음이 들었다.

그렇다면 식단표를 미리 확인해서 논비건 메뉴가 나오는 날은 밥이나 비건 김치라도 챙겨 와 함께 먹는 방법도 있지 않을까? 그러기엔 급식비가 아까웠다. 교사들이 급식비를 내지 않는 기관도 있지만, 내가 다니던 유치원은 병설 유치원이라 교사는 급식비를 내고 먹었다. 물론 급식비 자체가 저렴한 편이기는 했지만, 최저 시급만큼만 오르는 작고 소중한 월급에서 빠져나가는 급식비는 늘 적지 않게 느껴졌다. 유치원에서 비건 생활은 타협의 연속이었다. 최선이었(다고 생각하)지만 만족스럽지는 않은, 이도 저도 아닌.

답답한 마음을 조금이나마 해소한 건 오후 간식을 통해서였다. 사립 유치원은 조리사가 따로 있어서 교사들이 간식을

관리하는 경우가 없지만, 초등학교 병설 유치원은 에듀케어•
교사가 오후 간식 업무를 담당한다. 간식 업무는 식단표를 계
획하고 주문하는 일인데, 그것을 내가 맡았었다. 그래서 나는
간식만큼은 완전한 채식으로 구성했다. 감자, 고구마, 옥수수와
같은 녹말 채소나 제철 과일, 과일 말랭이, 야채 칩, 두부 칩 같
은 자연 식물식 혹은 떡, 유과, 약과, 정과 같은 전통 간식 등과
함께 초콜릿 맛 두유, 검은콩 두유나 과일 주스 등 음료도 준
비했다. 계절 채소와 과일을 충분히 즐기는 것만으로도 간식
식단표는 늘 다채로웠고 메뉴에 대한 반응도 좋았다.

이렇게 간식이라도 완전한 채식으로 준비하려고 애썼던
이유는 간식 시간만큼은 어린이들이 동물을 먹는 게 당연하다
고 생각하지 않았으면 했기 때문이다. 하지만 내가 궁극적으
로 바라는 것은 그 어떤 존재의 고통도 없는 밥상이 당연한 세
상이다. 어린이들이 인간이 동물에게서 젖과 알, 살점을 빼앗
는 일을 당연하다고 생각하지 않기를 바라고, 어른들이 만들
어 놓은 세상이 어린이들에게 부끄럽지 않았으면 한다. 하지
만 그런 세상이 가능하려면 채식 급식이 보편화되는 길밖에는
없다고 생각한다.

• '에듀케어'란 교육과 보육을 통합한 개념으로, 유치원 정규 운영 시간 외 어
린이의 교육 및 돌봄을 책임지는 프로그램을 말한다. 종일반이라고도 하며,
이와 관련된 업무 전반을 맡는 교사가 에듀케어 교사다. 서울시 교육청에서
는 임용직 교사와 구별 지으려고 '에듀케어 강사'로 칭한다.

학교에 비거니즘을

채식 급식은 더 많은 존재의 '나다움'을 지지하는 일이며, 다른 생명과의 공존을 도모하는 중요한 시작점이 될 수 있다. 또한 비건을 지향하는 교사(노동자)뿐 아니라 기후 위기 시대를 살아갈 어린이들도 다 함께 건강한 삶을 살아갈 수 있도록 해 줄 것이다. 그런 세상이 도래할 수 있도록 교육기관 종사자 외에도 더 많은 사람이 지속적으로 채식 급식에 관심을 가지고 꾸준히 힘을 모아 주기를 바란다.

내가 그렇게까지 어린이를 사랑하나?

유치원 교사를 그만뒀다. '힘들어서' 그만뒀다. 어떤 게 힘들었을까. 그냥 '힘들어서'라는 말로 에두르기엔 너무 많은 이유가 맴돌았다. 유아교육을 전공한 나는 조기 졸업 후 임용시험 준비를 하려 했으나 재정적인 이유로 사립 유치원에 종일반 교사로 취업하게 되었다. 당시 유치원 평가 인증을 준비하려고 새벽 2시에 퇴근하는 날도 있었는데, 내 월급의 실수령액은 91만 원이었다. '88만 원 세대'라는 말이 돌았던 시절이라 자조하는 듯 "평균보다 3만 원 더 받네."라며 웃었던 기억이 난다.

하지만 그때는 힘들어도 직장을 옮기면 그만이라고 생각했지, 유치원 교사를 그만두고 싶다고 생각하진 않았다. 이후 초등학교 병설 유치원에서 에듀케어 교사로 오래 일했다. 임용 고시는 이런저런 이유로 준비하고 싶지 않아졌다. 병설 유치원은 사립 유치원보다 야근이 적어서 워라밸은 좋은 편이었지만 업무가 적은 것은 아니었고, 급여는 적었다. 비정규직이라 연봉제가 아니었고, 그나마 근속 수당 덕분에 연봉은 매년 월 1만 원 정도 올랐다. 한 직장에서 6년 넘게 일했지만 급여는 최저 시급을 겨우 면하는 정도였다. 하지만 유치원의 노동 환경이 열악하고 월급이 적다는 건 취업 전에도 알고 있었다. 그렇다면 나는 왜 유치원 교사를 그만두고 싶어진 걸까?

전공과 관련 없는 일자리로 옮기고 싶었던 이유를 종종 곱씹는다. 나 자신을 돌볼 새 없이 몰아치는 일이 이제는 정말 힘에 겨워서였는지도, 같은 유치원에서 같은 일을 하지만 비정규직이라는 이유로 '교사'로 인정해 주지 않고 꿋꿋이 '강사'로 칭하는 교육부의 변치 않는 태도에 서러워서였는지도, 아니꼬우면 임용 고시 붙으라는 말들에 질려 버려서였는지도, 열악하고 불평등한 노동환경에도 문제의식을 느끼지 못하고 목소리를 내지 않는 선배와 동료 교사에게 실망해서였는지도 모르겠다. 혹은 10년 가까이 일해 왔지만 그 경력과 전문성을 인정받지 못하고 여전히 학자금 대출을 갚고 있는 현실이 억울해서였는지도, 연봉 앞자리가 서너 번 바뀌었다는 다른 직종의 친구들이 노후 준비로 보육 교사 자격증을 따 놨다는 말에 이 직종에 대한 회의감을 느껴서였는지도, 교육 대상 연령이 낮을수록 더 전문성이 필요한 일임에도 사실은 모두가 돌봄 노동을 전문직이라고 생각하지 않는 건 아닐까, 용돈 벌이 정도로 생각하는 건 아닐까 혹은 너무 무관심한 건 아닐까 하는 생각에 화가 나서였는지도 모르겠다. 그냥 해가 지날수록 제자리걸음 하는 기분이 들었다. 아니, 몸만 늙어 가고 뒤처지고 있는 기분마저 들었다. 그래서 이러다 10년 채우겠구나, 하며 도망치듯 그만뒀다.

지금은 유아교육과는 전혀 상관없는 사무직으로 일하고 있다. 하지만 몇 번을 곱씹을수록 분명해지는 건 지금도 그때도 어린이가 싫어서 떠난 건 아니었다는 점이다. 여전히 어린이를 생각한다. 어린이가 살아가는 세상을 생각한다. 유아교육을 공부했을 때도, 실습했을 때도, 그리고 유치원 교사로 지낸 시간에도 어린이와 함께하는 시간은 내게 늘 '재미'있었다. 어른들은 놓치고 지나가는 작은 순간도 놓치지 않고, 온 힘을 다해 그 순간에 애정을 쏟는 어린이가 좋았다. 어린이들이 어떤 반응을 보일지 기대하며 활동을 준비하는 시간도 좋았다. 하지만 어느 순간부터는 어린이를 사랑한다고 말하고 싶지 않아졌다. 유치원 교사는 어린이를 사랑하는 직업, 어린이로 인해 행복한 직업, 그래서 적게 벌어도 괜찮은 직업, 사명감으로 임해야 하는 직업이라는 인식이 '내가 그렇게까지 어린이를 사랑하나?' 하고 고민에 빠지게 했다.

지금 생각해 보면 많이 외로웠던 것 같다. 우리는 모두 어린이를 온전한 인간으로 성장시키려 모인 교육 노동자들인데, 왜 교육과 돌봄으로, 보육과 양육으로, 유치원과 어린이집으로, 사립 유치원과 병설 유치원으로, 임용 교사와 계약직으로, 오전 에듀케어와 오후 에듀케어로, 교육자와 실무직으로 나뉘어야 하는 걸까? 왜 우리의 목소리는 하나가 될 수 없을까? 우리는 동료로서 서로에게 힘이 되어 줄 수 없는 걸까? 같은 직종에 있는 동료들도, 전공을 함께한 대학 친구들도 소속에 따라 입장이 달라지는 것이 내심 서운했던 것 같다. 최근 공교육 멈춤의 날을 비롯하여 수많은 교사가 교육 현장의 변화를 위한 목소리를 내려고 모이는 모습을 보고 반가운 마음이 들었던 것을 보면 말이다.

쪼개진 교사의 삶은 아무것도 바꾸지 못한다. 어쩌면 많이 외로웠을 서이초등학교 교사를 떠올린다. 우리는 서로에게 귀 기울여야 한다. 양육자가 교사에게, 교사가 어린이에게, 교사가 교사에게. 그리고 우리 모두 서로서로 귀를 기울이며 더 나은 방향을 찾아가야 한다.

어쩌면 기관 밖으로 나온 나는, 안에서는 다양한 벽에 부딪혀 내기 어려웠던 목소리를 밖에서나마 보태고 싶었는지도 모르겠다. 교사라서 혹은 양육자라서가 아니라 비교육자, 비양육자의 정체성으로, 사회를 구성하는 한 사람으로 어린이를, 교사를, 교육을 함께 생각하고 고민하고 싶었는지도 모르겠다. 나뉘어져 고립된 교육자와 양육자에게 혼자가 아니라고, 교사나 양육자가 아니어도 함께 목소리를 내려고 노력하는 이가 있다고 전하고 싶었는지도. 그러니 한 사람을 성장시키는 일을, 내 주변의 문화를 만들어 가는 일을 혼자서 버겁게 짊어지지 않아도 된다고 말이다. 지금도 어딘가에서 홀로 고군분투하고 있을 이들에게 나의 응원이 닿기를 바란다.

왜 아무도 내게
사실대로 알려 주지 않았을까

이 배신감을 물려주고 싶지 않다는 마음

대다수 어린이가 그렇듯이, 나도 어릴 적에 동물을 참 좋아했다. 당연히 동물원에 가는 것도 좋아했다. 동물원이 아니더라도 지나가는 비둘기를 보고 반가워하다가 도로변에 설치된 난간에 목이 끼이기도 했었으니까. 동물을 향한 호기심이 남달랐다. 하지만 그때 나는 몰랐다. 동물원의 진실을.

성인이 된 후 설레는 마음으로 오랜만에 동물원을 찾았다. 그러나 그곳에서 마주한 감정은 내가 기억하는 즐겁고 신나는 느낌과는 사뭇 달랐다. 예전엔 그저 신기한 동물들이 한곳에 모여서 나를 반겨 주는 것 같던 동물원이, 지금 보니 동물들을 억지로 모아 가둬 둔 감옥 같았다. 어릴 땐 보이지 않던 동물들의 표정이 보였다. 그들은 나를 반기고 있지 않음이 틀림없었다. 내가 지나가건 말건 잠을 자는 동물들, 바닥에 무기력하게 누워 지쳐 있는 눈빛들, 이리저리 널브러진 치워지지 않은 배설물들, 좁은 우리……. 내가 갔던 동물원이 유독 관리가 잘되지 않아서 그렇게 느껴진 건지, 어릴 적에 갔던 동물원 속 동물들도 같은 표정을 짓고 있었던 건지 문득 궁금해졌다. 하지만 아무리 생각해도 이건 동물원 위생의 문제만은 아닌 것 같았다. 동물들을 만날 생각으로 설레며 찾아간 동물원에서 복잡한 생각을 가득 안고 돌아왔다. 하지만 그것도 잠시일 뿐, 나는 이 감정을 금세 잊고 살았다.

그러다 다시 비슷한 감정을 느꼈던 건 비건을 시작하면서였다. 이번에는 그때의 감정보다 훨씬 격했다. 동물의 권리를 알고 바라본 세상은 한없이 인간 중심적이었기에 여러모로 충격이었다. 동물들은 인간이 최대한의 이익을 얻을 수 있도록 좁은 철창에 갇혀 최소한의 움직임만 허락된 채 살다가 인간의 밥상에 올랐다. 게다가 건강에 좋다고 믿어 왔던 동물성 단백질과 유제품 뒤에는 평생 원치 않는 임신을 반복하며 젖을 짜이고 알을 낳는 동물들의 고통이 있었다.

동물을 향한 미안함과 죄책감에 휩싸였다. 인간의 욕심을 채우고자 동물들을 여러 가지 방법으로 착취해 왔다는 게 믿어지지 않았다. 그때 느낀 충격과 세상에 대한 배신감은 정말

컸기에 내가 만나는 어린이들에게는 이런 감정을 물려주고 싶지 않다는 생각이 들었다.

그러나 아쉽게도 내가 교육 현장에 있을 땐 비건이 아니었다. 나는 현장에서 2년 동안 일을 하다가 캐나다에 있는 장애인 공동체에 가려고 일을 그만두었다. 비거니즘을 접하게 된 것은 캐나다에 온 후였다. 하지만 비건이 된 후 돌아본 교육 현장은 너무도 불편하고 모순적인 장소였다. 나 또한 어린이들에게 꽃 한 송이 꺾는 것도 자연을 아프게 하는 거라고 해 놓고는 별생각 없이 밥상 위의 고기반찬들을 어린이들과 함께 먹었다. 고기를 먹지 않으려 하는 어린이가 있을 때는 고기를 먹어야 튼튼해진다는 말까지 덧붙이면서 말이다.

어린이집과 유치원은 어린이들의 첫 번째 사회 기관이다. 가족의 품에서 벗어나 가족이 아닌 타인들, 사회와 상호작용하는 첫 번째 장소다. 이곳에서 어린이들은 타인 그리고 이 세상 모든 것과 어떻게 관계를 맺어야 하는지, 세상이 어떻게 돌아가는지 직접 경험하고 느끼고 배운다. 그리고 자기 행동이 올바르지 않았을 때, 교사의 도움 또는 교실에서 겪는 갈등을 통해 바른 방법을 익히게 된다. 이처럼 어린이들은 세상의 관점과 규칙을 유치원에서 배워 가는데, 안타깝게도 그것은 모두 너무나 인간 중심적이다. 어린이들이 접하는 환경이 인간 중심적이기에 동물의 입장을 고려하지 못하는 성인으로 자라는 것은 어쩌면 너무도 당연한 결과다.

교육 현장의 동물 착취

한국의 어린이집에서 일하던 시절, 하루는 원장님께서 금붕어를 사 오셨다. 교실에 둘 자연물로 금붕어가 선택된 것이다. 금붕어가 창가 옆 한구석에 자리 잡자, 어린이들은 관심을 가지며 금붕어를 관찰했다. 어항 속을 열심히 헤엄치는 금붕어를 보며 신기해했다. 그러나 그 관심은 얼마 가지 못했다. 그리고 그 금붕어는 오래 살지 못했다. 물에 적응하지 못한 것인지, 이틀 후 금붕어는 숨을 거두었다. 이튿날 새로운 금붕어가 생겼다. 하지만 그 금붕어도 오래가지 못해 결국 금붕어는 교실에서 사라졌다. 너무 금방 죽어 버려서 교실에 적절한 자연물이 아니라는 이유로 말이다. 이렇게 자연 교육이라는 이름 아래에 교실에서 희생된 금붕어가 얼마나 많을까. 어항 속에 둥둥 떠 있던 그 금붕어가 아직도 기억난다. 괜히 교실로 데려와 생을 마감하게 해서 너무 미안했던 마음이 여전히 생생하다.

그뿐만이 아니다. 유치원에서는 개미집을 투명한 통에 옮겨 담아 어린이들이 그 단면을 관찰하게 하기도 하고, 곤충을 채집해 교실에 두고 관찰하기도 한다. 안타깝게도 이러한 곤충들이 자연으로 돌려보내지는 경우는 드물다. 물론 어린이들이 자연에 관심을 가질 수 있도록 이끌어 가는 것 또한 교사의 중요한 역할이지만, 자연에서 살아가던 동물을 우리가 사는 곳으로 데려와 관찰하고 교실에서 죽어 가게 하는 것이 적절한 교육인지 다시 한번 생각해 볼 필요가 있지 않을까?

원의 행사 날에도 동물들은 희생되었다. 그날 행사 활동 중에 미꾸라지 잡기 체험이 있었다. 수백 마리의 미꾸라지를 물놀이용 풀에 풀어 놓고 뜰채로 미꾸라지를 잡아 보는 활동이었다. 어린이들은 빠르게 움직이는 미꾸라지들을 보며 신기해했고 미꾸라지 잡기는 인기를 끌었다. 하지만 행사가 끝난 후 풀에 남겨진 미꾸라지들이 어디로 갈지는 아무도 관심을 가지지 않았다. 미꾸라지는 우리의 유희를 위해 희생된 후 버려졌다. 이런 활동들이 정말 유의미하다고 할 수 있을까?

교실 안뿐만이 아니다. 교실 밖에서 어린이들이 동물을 만나는 방식 또한 여전히 인간 중심적이다. 동물원은 현장학습 장소 선호도 1순위로 꼽히고 있다. 그 이유는 당연히 어린이들이 동물을 좋아하기 때문이지만, 동물원은 결국 인간의 편의와 오락을 위해 동물을 한곳에 모아 두는 장소에 불과하다.

비건이 된 후에 동물원에 간 적이 있다. 평소 동물을 좋아하는 나를 위해 친구들이 깜짝 선물로 캐나다의 아프리칸 라이언 사파리에 데려가 주었다. 예전 같으면 마냥 즐겁기만 했을 텐데, 비건이 된 나는 사파리에 간다는 사실을 알았을 때 전혀 기쁘지 않았다. 친구들에게 미안한 마음이 들어 웃어 보려 했지만 사파리 안내 책자에 아프리카에 있어야 할 동물들이 담겨 있는 것을 보니 미소를 짓기가 쉽지 않았다.

사파리에서는 다양한 프로그램이 진행되고 있었다. 개중에는 동물들이 비교적 자유롭게 지내는 모습을 관람할 수 있는 프로그램도 있었다. 하지만 한편에선 코끼리 쇼가 진행되었다. 친구의 손에 이끌려 코끼리 쇼를 보러 갔다. 생각보다 많은 어린이와 어른이 코끼리 쇼를 보려고 앉아 있었다. 조련사가 코끼리를 부르자 코끼리가 관객들의 환호를 받으며 무대 뒤에서 걸어 나왔다. 코끼리는 조련사를 따라 관객들에게 인사를 한 후, 바닥에 있는 붓을 코로 감고는 그림을 그리기 시작했다. 그 그림이 그려진 티셔츠는 기념품 가게에서 한 장에 무려 30달러(약 4만 원)에 판매되고 있었다. 코끼리는 조련사의 손짓을 따라 무대 위를 걸어 다녔고 커다란 베개에 누웠다 일어났다. 사람들은 박수와 함성을 보냈다. 그 모습을 보는 내내 나는 코끼리가 다치면 어떡하나 조마조마하기만 했다.

찝찝한 마음으로 집에 돌아와 친구에게 사파리에서 코끼리 쇼를 보며 느꼈던 불편한 마음을 털어놓았다. 그러자 친구는 얼마 전 그 사파리에서 코끼리가 조련사를 공격해 다치는 사고가 있었다며 여전히 코끼리 쇼가 진행되고 있다니 놀랍다고 했다. 그러고는 그 코끼리는 안락사를 당했을 수도 있다고 덧붙였다. 보통 이렇게 사람에게 공격성을 한번 드러낸 동물은 언제 또 공격성을 보일지 모르기 때문에 안락사되는 경우가 많다는 것을 이때 처음 알게 되었다. 코끼리를 향해 박수치던 사람들이 이러한 뒷면을 알고 나서도 손뼉을 칠 수 있을지 의문이 들었다.

비록 사파리의 크기는 한국에서 가 본 동물원보다 훨씬 컸지만, 결국엔 그곳도 동물들을 가두는 감옥이나 마찬가지였다. 커다란 새들이 창살 속에 갇혀 있었고 새장 밖 안내문에는 그들이 얼마나 멀리 날 수 있는지 적혀 있었다. 그리고 새들이 날개를 펼치면 그 날개가 얼마나 긴지도 적혀 있었지만, 우리는 그걸 볼 수 없었다. 그들이 날개를 펼치고 날기에는 너무도 좁은 새장이었기 때문이다. 그들은 산 채로 자유를 뺏긴 채 인간들을 위해 전시되고 있었다.

유치원에서 견학을 온 것인지 사파리를 탐방하는 버스에는 어린이들이 꽤 많이 타고 있었다. 어린이들이 신기해하며 창문 너머로 동물들을 바라보고 동물들의 이름을 불렀다. 마치 어릴 적 내 모습을 보는 것 같았다. 이렇게 인간 중심적인 환경에서 자란 어린이는 당연히 인간 중심적인 시각을 가진 사회 구성원이 될 것이라는 생각에 조급한 마음이 들었다. 그리고 내가 비건이 되고 느꼈던 배신감, 동물원의 뒷면을 왜 아무도 내게 알려 주지 않았을까 하는 그런 마음, 그 마음을 이 어린이들은 느끼지 않았으면 했다. 교육 현장에 있지 않다는 사실이 조급함으로 다가왔다.

동물원 말고

2022년 9월, 나는 캐나다의 유치원에서 가르치는 일을 다시 시작했다. 어린이들을 직접 만나면 더 많은 이야기를 들려줄 수 있을 것이라는 기대와 달리 현장에서는 어려움이 많았다. 그중 하나는 동료 교사와의 조율이다. 비건이 아닌 교사들과 비거니즘 관점에서 함께 교육을 이끌어 가는 일은 쉽지 않다. 어린이나 학부모의 생각뿐만 아니라 한 반을 이끌어 가는 동료가 나의 생각을 어떻게 받아들일지 또한 고려해야 한다. 다행히 캐나다는 한국에 비해 비거니즘이 널리 알려져 있고 개인의 선택을 존중하는 분위기다. 그럼에도 비거니즘의 관점에서 의견을 내는 것이 쉽지는 않았다.

최근 여름 견학 장소를 정하기 위한 교사 회의가 있었다. 견학 장소 후보로 제발 동물원만은 나오지 않았으면 좋겠다고 속으로 생각했다. 캐나다는 다르지 않을까 내심 기대도 했다. 하지만 가장 먼저 후보로 거론된 것은 역시나 동물원이었다. 작년에도 재작년에도 갔었고, 어린이들이 좋아했다고 경력이 많은 선생님이 말했다. 다른 동료 선생님들도 당연하다는 듯 고개를 끄덕였다. 선생님들은 자신이 가 본 동물원의 이름을 말하며 어디가 좋을지 얘기하기 시작했다.

그때 한 선생님이 다른 의견을 냈다. 기대에 찬 눈으로 그 선생님을 바라보았다. 하지만 그 선생님은 "아쿠아리움은 어때요?" 하고 물었고 다들 거기에 긍정적인 반응을 보였다. 이대로 가면 정말 어린이들의 견학이 동물 전시와 착취로 이어질 수밖에 없었기에 대화를 듣는 내 표정은 굳어 갔다. 모든 선생님이 동물원과 아쿠아리움에 긍정적이어서 차마 아무 말도 할 수 없었다. 마음속으로만 '동물원은 적절한 장소가 아니라고 생각합니다.'라고 외치고 있었다. 속으로는 반대하면서 선생님들 앞에서는 의견을 꺼내지도 못하는 나 자신이 부끄러웠다.

하지만 이대로 아무 말도 하지 않으면 동물원으로 확정될 것 같아 용기를 내어 한마디 꺼내 보았다. "생크추어리나 공원을 가 보는 건 어떨까요?" 캐나다에는 야생으로 돌아가지 못하는 동물들을 보호하는 생크추어리가 여럿 있다. 생크추어리는 동물원처럼 인간의 이익이 목적이 아니라 동물을 보호하기 위한 장소이기에 어린이들이 좋아하는 동물들도 만나고 동물 보호에 대해 배워 볼 수 있으리라 생각했다. 그러자 선생님 A가 동의하며 이렇게 말했다. "근처 나이아가라 쪽에 나비 보호 센터가 있어요. 거기 가는 건 어때요?" 나비 보호 센터는 이름엔 보호가 붙어 있지만 사실상 나비 전시관이라 동물원과 다를 게 없다. 나는 차마 동의는 하지 못하고 애매한 미소만 지어 보였다.

이렇게 다양한 아이디어가 나왔지만 동물원을 따라갈 만한 장소는 없는 듯했다. 회의가 끝날 때까지 나는 결국 동물원

학교에 비거니즘을

에 가는 것을 반대한다는 말을 하지 못했다. 견학 장소가 확정 되진 않았지만 다들 동물원으로 생각하는 듯했다. 자괴감이 밀려들었다.

모두가 자리에서 일어날 때 옆자리에 있던 동료 L에게 조심스럽게 말을 꺼냈다. "L, 사실 저는 개인적으로 동물원에 가고 싶지 않아요." 이렇게 말하자 따로 그 이유를 설명하지 않았음에도 불구하고 의외의 답변이 돌아왔다. "이해해요. 사실 동물원이 인간적인 장소는 아니지요." 그 말에 용기를 얻어 다른 동료 A에게도 이야기했다. 그러자 A도 "동물원이 좀 그런 게 있긴 하죠. 저도 전에 〈소에 관한 음모〉와 〈씨스피라시〉라는 다큐멘터리를 본 적이 있는데 동물들이 너무 불쌍하더라고요."라며 예상치 못하게 많은 공감을 하는 것이었다.

용기가 생긴 나는 회의에 참여한 선생님 네 분 모두와 일대일로 이야기를 했고 모두 고개를 끄덕이며 공감했다. 알고 보니 다들 마음 한구석에 동물원에 대한 비슷한 감정을 갖고 있었다. 내가 그랬던 것처럼 다른 선생님들도 동물원이 줄곧 현장학습 장소였고 굳이 다른 의견이 없기에 반대하지 않았던 것이다. 한 줄기 희망이 보이는 느낌이 들었다. 그리고 지레 주눅 들지 않고 동료들과 솔직하게 대화하는 일이 참 중요하다는 것을 깨달았다.

무해한 현장학습

다른 선생님들과의 대화 후 나는 캐나다의 환경 단체 아로샤A Rocha에서 운영하는 현장학습 프로그램에 참여하는 것을 제안했다. 이곳에서는 어린이와 성인을 대상으로 환경 교육을 제공하고 있는데, 동물들이 살고 있는 자연에 직접 들어가 관찰할 수 있는 경험을 제공한다. 물에 사는 동물들은 물에서 만나고, 숲에 사는 동물들은 숲에 찾아가 관찰한다. 자연물을 인간의 편의를 위해 인위적으로 옮기는 과정이 없다는 데서 훨씬 교육적으로 적합하다고 느껴졌다. 동료 교사들 모두 내 제안에 동의했고, 우린 동물 전시도 착취도 없는 현장학습을 떠났다.

우리가 선택한 프로그램은 '봄날의 새들Birds in Spring'로 우리가 사는 지역에 함께 거주하는 새들에 대해 배우고, 환경 센터에서 직접 관찰해 보는 프로그램이었다. 아로샤의 환경 센터는 조용하고 평화로운 자연 속에 자리 잡고 있어 많은 동물이 서식하고 있었다. 넓은 들판과 작은 연못, 그리고 나무들이 우리를 반겨 주었다. 시끌벅적하고 동물을 만지거나 가까이서 볼 수 있는 체험이 있는 동물원과는 정반대였다. 동물원처럼 새들을 철창에 가둬 둔 것이 아니니 우리가 새들을 보고 갈 수는 있을까 하는 걱정이 들기도 했다. 날아다니는 새를 어떻게 만날 수 있을지 궁금하기도 했다.

그러나 걱정과는 달리 새들을 만나는 것은 어렵지 않았다. 우리가 그들의 거주지에 들어와 있었다는 사실을 깜빡했다. 아로샤의 환경 센터를 거닐다 보면 곳곳에서 새들이 나타났다. 마치 새들이 우리를 구경하는 것 같기도 했다.

처음에는 새들의 사진을 보며 이름과 특징을 알아보는 시간을 가졌다. 이곳에 거주하는 새들의 생김새는 어떤지, 어떤 모양의 둥지에 사는지, 어떤 모습으로 나는지, 어떤 곳을 좋아하는지 등 특성을 배운 후 직접 새들을 찾아 나섰다. 여러 정보를 얻긴 했지만, 과연 이 넓은 곳에서 자유로이 날아다니는 새들을 알아볼 수 있을지 궁금했다.

수면 가까이서 날고 8자 모양으로 나는 제비barn swallow는 날아가는 모습을 통해 멀리서도 알아볼 수 있었다. 숲속을 걷다 보면 우리를 반기듯 새들이 나무에 앉아 바라보고 있기도 했다. 파란 날개가 돋보이는 녹색제비tree swallow는 금방 알아차릴 수 있었다. 새들뿐 아니라 환경 센터 곳곳에 자리 잡은 각기 다른 모양의 둥지를 보며 어떤 새의 둥지인지 구별할 수도 있었다. 주로 건물이나 헛간에 둥지를 터 이름에도 '헛간barn'이 들어가는 제비의 둥지는 헛간에서 찾았다. 나무에 양말 모양으로 둥지를 트는 찌르레기oriole의 둥지도 나무를 자세히 바라보니 금세 발견할 수 있었다.

새들이 멀리 있는 경우 한 번에 찾는 것이 어렵기도 했다. 그럴 때면 어린이들은 손가락으로 제각기 자신이 찾은 새나 둥지를 가리키며 서로에게 알려 주었다. 하늘과 나무를 향해 고개를 들고 눈을 이리저리 돌리며 열심히 새를 찾는 어린이들을 보며 철창에 갇혀 날지 못하는 새들을 보지 않아 참 다행이라는 생각이 들었다.

환경 센터에서는 새집을 여러 곳에 만들어 두었다. 그러면 새들이 빈 곳에 둥지를 틀었다. 우리는 그 둥지들을 찾아갔다. 넓은 들판과 나무들 사이에 나무로 만들어진 작은 새집들이 세워져 있고 그 안에는 새들이 실제로 거주하고 있었다. 우리를 지도해 주시는 분은 새집을 열어 집 안을 구경할 수 있도록 도와주었다. 사실 나는 조금 당황했다. 새들이 사는 곳에 들어가 그들의 서식지를 구경하는 활동이라는 것은 알고 있었지만, 새집을 열어 코앞에서 둥지와 새끼들을 구경하게 될 줄은 몰랐다. 우리가 할 수 있다고 해서 그렇게 해도 되는 걸까 하는 생각이 스쳐 지나갔다.

둥지의 주인인 새가 불안한 듯 우리 주위를 맴돌았다. 갑자기 사람들이 문을 열고 구경하려고 하니 불안할 게 당연했다. 새끼들도 어미도 얼마나 깜짝 놀랄지 걱정도 되고 미안한 마음이 들었다. 어린이들에게는 새를 가까이에서 볼 기회였다. 어떤 둥지에는 갓 태어나 눈도 못 뜬 엄지손톱만 한 새끼도 있었고, 다른 둥지에는 곧 날아갈 준비를 하는 제법 큰 새끼들도 있었다. 신기해하는 어린이들, 줄을 서서 차례를 기다리며 설레어 하는 어린이들을 보며 마음이 다시 조금 복잡해지기 시작했다.

다행히 인도해 주시는 선생님이 우리가 새끼들이 있는 집을 열어 보기 때문에 새들이 불안할 수 있다는 사실과 새집을 구경할 때 좋은 손님으로서 지켜야 할 규칙들을 알려 주셨다. 새들이 놀라지 않도록 조용히 구경하기, 만지지 않고 눈으로만 관찰하기 등이었다. 물론 동물의 입장에서 생각해 보는 기회를 가졌다는 점만으로 모든 것을 정당화할 수는 없겠지만 조금 마음이 놓였다. 살아 있는 동물들이 교육 자료로 희생되지 않고도 어린이들에게 동물들을 존중하는 마음과 더불어 사는 법을 알려 줄 수 있는 여러 방법을 찾아야겠다고 생각했다.

그 전까지 비거니즘에 관해 이야기를 잘 꺼내지도 못했던 나는 현장학습을 다녀온 후 생각이 조금 바뀌었다. 작은 돌멩이가 물결을 일으키듯, 내가 옳다고 생각하는 가치와 행동에 목소리를 낸다면 작지만 의미 있는 변화를 만들어 낼 수 있을 것이라 믿게 되었다. 동료 교사들이 동물원에 가지 않는 데에 동의하고 환경 센터 방문을 지지하는 모습을 보며 '비거니즘을 알리는 데에 내가 조금 더 적극적이었어도 좋았겠다.' 하는 아쉬움도 들었다.

사실 어린이들에게 비거니즘을 어떻게 전해야 할지는 여전히 고민이다. 비거니즘이라는 말을 꺼내는 것부터가 쉽지 않다. 하지만 굳이 '비거니즘'이라는 단어를 꺼내지 않아도 강한 자가 약한 자를 지배하는 것이 아니라 모두가 소중한 존재로서 더불어 살아가야 한다고 가르치는 것이 비거니즘 교육의 시작이지 않을까 생각한다.

확실한 건 어린이들은 동물을 사랑하고 그 어떤 고통에도 동의하지 않고 있었다는 사실이다. 동물들이 사라지는 것에 슬퍼했고, 동물의 슬픔과 아픔에 공감하고 기쁨에 함께 웃었다. 그런 어린이들을 보며 앞으로 조금 더 동물을 위해 목소리를 내고 동물의 이야기를 들려주겠다고 용기를 내 본다. 어린이들이 동물을 동물답게, 똑같이 귀중한 생명으로 바라볼 수 있도록, 자연의 이치에 맞는 인간과 동물의 관계를 배울 수 있도록 노력하겠다고 오늘도 다짐해 본다.

생태 전환 교육에서 비인간 동물의 자리는 어디일까

국가 교육과정의 의미

국가 교육과정에 관심이 있는 교사가 얼마나 될까. 그 수치를 정확히 알 수는 없겠지만, 내가 국가 교육과정에 큰 관심이 없는 교사였던 것은 분명하다. 내가 1년 동안 교육 활동을 하면서 국가 교육과정 문서를 보는 경우는 딱 두 가지였다. 첫 번째는 학기 초에 교과 진도 계획표를 작성할 때, 두 번째는 정기 고사의 문항 정보표를 만들 때. 1년간 두 번의 교과 진도 계획표 작성과 네 번의 정기 고사를 지나고 나면 나는 교육과정을 여섯 번 본 교사가 되었다. 2년 연속으로 같은 과목을 가르치면 전년도 교과 진도 계획표를 참고하면 되므로 교육과정을 네 번만 본 교사가 되기도 했다.

학교와 학교급마다, 또는 교사마다 다르겠지만 내게 국가 교육과정이란 딱 그 정도의 의미였다. 그런 것이 존재한다는 사실은 알지만, 나의 교육 활동과는 크게 상관없는 어떤 것. 학교 수준의 교육과정이야 생활기록부 작성을 위한 근거로 학교 교육 계획서가 반드시 필요하니 중요하다고 느꼈지만, 국가 교육과정은 그렇지 않았다. 오히려 국가 주도의 하향식 교육과정에 대한 비판적 입장을 자주 접해 막연한 거부감 정도만 가지고 있었다. 다른 나라는 그렇게 하지 않는다는데 이런 건 꼭 다른 나라 안 따라 하고 말이야, 어차피 수업은 교사가 하는데 자율권이나 더 부여하지, 역시 대한민국은 군사 독재의 그림자에서 벗어나지 못한 게 분명해……. 대충 이런 생각을 하면서 말이다.

국가 교육과정이 어떤 의미가 있는지 처음 깨달은 것은 〈2015 개정 교육과정〉이 고등학교에 도입된 이후였다. 〈2007 개정 교육과정〉과 〈2009 개정 교육과정〉에 의해 개발된 《생활과 윤리》 교과서에는 성소수자에 대한 내용이 포함되어 있었다. 물론 그 내용을 썩 훌륭하다고 말할 수는 없지만, 성소수자를 거의 최초로 다룬 검정 교과서라는 점에서는 의미가 있었다. 그러나 이 교과서들은 성소수자(정확히는 동성애자)의 존재를 '인정'할 수 없다는 항의*를 계속해서 받아야 했고, 〈2015 개정 교육과정〉에는 성소수자와 관련된 내용이 삭제되었다.

따라서 모든《생활과 윤리》교과서에서는 성소수자와 관련된 내용이 들어가지 않게 되었다.

국가 교육과정에 대한 깨달음

내가 도덕·윤리과 교사는 아니지만, 근처에서나마 일련의 과정을 경험하며 두 가지 사실을 새로이 알게 되었다. 첫째, 국가 교육과정이 수립되는 과정에는 다양한 권력이 작동한다는 것이다. 국가 교육과정이 "교육행정의 일환으로 특정한 방향의 진리를 구성하는 담론"[**]이라면, 그 안에 담긴 내용 또한 권력관계에 의해 구성될 수밖에 없다. 그렇다면 기존의 교육과정에 대해 누군가 큰 목소리로 그것을 비판하거나 지지한다면 향후 수립될 교육과정은 그것의 영향을 받게 된다. 좁은 의미에서든 넓은 의미에서든 국가 교육과정이 만들어지는 과정은 '정치적 행위'라는 것이다. 그러니 막연하게 국가라는 단일한 주체가 국가 교육과정을 만들어 배포할 것이라는 생각이 얼마나 순진한 생각이었는지 깨닫게 되었다고 할 수 있겠다.

- 〈윤리교과서에 등장한 성소수자, 당신의 생각은?〉, 《미디어오늘》, 2013. 07. 09.
- ● 소경희·최유리, 〈국가교육과정 문서에 함의된 교사 전문성 담론의 변화와 특징 고찰〉, 《교육과정연구》 제40권 제2호, 2022, 76쪽.

둘째, 국가 교육과정은 개별 교사의 교육 활동에 생각보다 큰 영향을 미친다는 점이다. 국가 교육과정은 놀랍게도, 교과 진도 계획표와 문항 정보표를 작성한 뒤에 이를 국가 교육과정 문서와 대조함으로써 선행 학습을 유발하는 교육이 이뤄지고 있는지 판단하는 근거로만 사용되는 것이 아니었다! 모든 교과서는 국가 교육과정에 기반하여 만들어지고, 교과서 검정을 통과하려면 국가 교육과정에서 제시하는 성취 기준을 모두 반영해야 한다. 그리고 교사는 기본적으로 교과서를 가장 주요한 교재로 활용하며, 교과서를 기반으로 교육과정을 재구성해 수업을 실시한다. 더 나아가, 교과서에 없는 내용을 가르쳤다는 이유로 언제든 민원을 받을 수 있다는 사실을 감안하면 국가 교육과정은 교사 수준의 교육 활동에 기반이 됨과 동시에 교사를 보호하는(때로는 보호하지 않아도 된다고 판단하는) 최소한의 울타리로 작용하고 있는 것이다.

물론 이러한 깨달음은 시간이 지나면 점차 흐려지기 마련이고, 시간은 흘러 흘러 어느덧 2021년 11월. 〈2022 개정 교육과정〉 시안 주요 사항이 발표되었다. 교육부는 새로운 교육과정의 주요 내용으로 다음과 같은 내용을 제시했다.

◈ 미래 변화에 대응하는 역량 및 기초소양 함양 강화
 – 지속가능한 사회를 위한 생태전환교육 및 민주시민교육을 전 교과에 반영

......

○ 인간과 환경의 공존, 지속가능한 사회를 위한 생태전환교육 및 시민성 함양을 위한 민주시민교육 등 공동체 가치 교육을 강화한다.

– 기후환경 변화 등에 대응하는 생태환경 교육을 교육목표와 전(全) 교과의 내용요소에 반영한다.

– 교육부 보도자료 〈'2022 개정 교육과정' 총론 주요사항 발표〉 중에서

○ 생태전환교육, 민주시민교육 및 일과 노동에 포함된 의미와 가치 등을 교육목표에 반영하는 방안 추진

– 〈'2022 개정 교육과정' 총론 주요사항의 신·구 대비표〉 중에서

그리고 〈2022 개정 교육과정〉 시안이 발표된 2022년 8월, 생태 전환 교육에 대한 내용은 교육 목표를 포함하여 교육의 방향을 제시하는 교육과정 '총론'에 반영되지 않았다. (앞서 성평등, 페미니즘, 성소수자와 관련된 이야기는 너무 많이 했기 때문에 〈2022 개정 교육과정〉에서 이와 관련된 논란은 대략 아시리라 믿고 넘어가도록 하겠다.) 이에 대해 몇몇 교원 단체가 정권 교체에 따른 의도적 삭제라고 반발했으나[*], 생태 전환 교육을 축소하고 삭제하고자 하는 정치적 의도가 명확한 상황에서 반전은 일어나

---

* 〈교육과정서 갑자기 사라진 '생태전환교육'…교원단체 반발〉, 《한겨레》, 2022. 09. 15.

지 않았다. 작은 위안이라면, 이미 발표된 주요 내용에 근거하여 각 과목의 교육과정에 전반적으로 생태 전환적 관점을 고려한다는 내용이 포함되었다는 사실 정도일까.

2022 개정 교육과정과 생태 전환 교육

앞서 말했듯이, 교사는 교육과정에 근거하여 교육 활동을 한다. 비거니즘 교육도 마찬가지다. 누군가는 꼭 필요한 교육이라고 여기지만, 누군가에게는 쓸데없는 교육이거나 심지어 해서는 안 되는 교육으로 여겨질 수도 있다. 비거니즘 교육은 '생태 전환'이라는 교육 목표를 달성하려면 반드시 필요한 요소지만, 학생들에게 채식을 강요하는 것이냐는 민원이 들어온다면 이를 방어할 근거가 필요하다. 그 근거는 교육과정에 기반하여 마련될 때 가장 설득력을 가질 것이다. 그래서 〈2022 개정 교육과정〉 중 생태 전환 교육에 대해 다루고 있는 내용을 찾아보기로 했다.

우선 〈2022 개정 교육과정〉 총론 중 교육과정 개정의 배경과 방향을 설명하는 '1. 교육과정 구성의 중점'에는 다음과 같은 언술이 나온다.

첫째, 인공지능 기술 발전에 따른 디지털 전환, 감염병 대유행

및 **기후·생태환경 변화**, 인구 구조 변화 등에 의해 사회의 불확실성이 증가하고 있다.

······

가. 디지털 전환, **기후·생태환경 변화** 등에 따른 미래 사회의 불확실성에 능동적으로 대응할 수 있는 능력과 자신의 삶과 학습을 스스로 이끌어가는 주도성을 함양한다.

(강조는 저자)

여기에서 〈2022 개정 교육과정〉에 생태 전환 교육이 중요하게 다뤄지는 이유가 나온다. 생태 전환 교육은 '기후·생태환경 변화'로 대표되는 '미래 사회의 불확실성'이라는 위기에 능동적으로 대응하려고 그 필요성이 제시된다. 중요한 것은, 이 위기는 철저히 인간의 위기라는 점이다. 디지털 전환, 감염병 대유행, 인구구조 변화는 모두 인간만의 위기이며, 더 구체적으로 말하자면 인류의 존속을 위협하는 위기다. 이 맥락에서 등장하는 기후·생태 환경 변화와 생태 전환 교육에 비인간 동물의 자리가 있을까? 그 궁금증을 해결하고자 조금 더 자세히, 고등학교 교과 교육과정을 몇 가지 살펴보았다.

〈2015 개정 교육과정〉까지 '세계지리'였던 과목은 그 이름과 내용을 달리해 '세계시민과 지리'로 개정되었다. 여기에는 다음과 같은 성취 기준 및 성취 기준 해설이 등장한다.

(성취기준) [12세지04-02] 세계 주요 환경 문제의 유형과 실태를 설명하고, 생태 전환적 삶에 비추어 현재의 생활방식을 비판적으로 점검한다.

(성취기준 해설) [12세지04-02]는 지역별, 지구적 환경 문제를 살펴보고, 환경 보호에 따른 개별 국가의 상이한 손익으로 인한 환경 문제 대응의 복잡성을 이해할 수 있도록 설정된 것이다. 학습자들은 생태 전환적 삶을 위해 자신의 생활방식을 비판적으로 점검하는 기회를 가진다.

성취 기준을 보면 현재의 생활 방식을 비판적으로 점검한다는 내용이 제시되어 있는데, 해설을 보면 '개별 국가의 상이한 손익'이 등장한다. 물론 포괄적인 시야를 가지고 각 지역의 사회·문화·경제 등을 폭넓게 다루는 지리 교과의 특성이 반영된 것이겠지만, 여기에서 환경문제는 인간의 손익과만 연결된다. 세계적 스케일에서 개인에 이르기까지 그 사이를 어떻게 채우느냐는 향후 나올 교과서 집필진에게 맡겨진 상황이라고 할 수 있겠다.

기존의 '생활과 윤리' 과목은 이와 성격이 비슷한 '현대사회와 윤리' 과목으로 개정되었다고 볼 수 있는데, 여기에서는 성취 기준 적용 시 고려 사항으로 "오늘날의 생태 문제를 해결하기 위해 인간중심주의, 동물중심주의, 생명중심주의, 생태중심주의 입장을 비교 분석하여 각각의 장단점을 살펴본다."

라는 진술이 등장한다. 서양의 인간중심주의의 한계를 보완하며 서양 중심의 생태 윤리로 편중되지 않도록 한다는 고려 사항이 함께 제시되어 있는데, 인간중심주의를 벗어나야 한다는 점을 짚고 있으나 각각의 입장을 동등하게 제시하고 비교한다는 점에서 비거니즘 교육과 어떻게 연결될 수 있을지는 조금 더 고민이 필요하다.

'생태와 환경' 과목은 생태 전환과 가장 직접적인 관련이 있어 보이는 과목 중 하나인데, 여기에서는 과목의 성격을 "기후변화와 생물 다양성 감소 등 인류가 경험하고 있는 환경위기와 지구가 가진 한계에 대한 문제의식을 바탕으로, 학습자들이 지속가능한 사회의 체계와 삶의 양식을 이해하고 실천하도록 돕기 위한 과목"이라고 설명한다. 이는 앞서 이야기한 것처럼 환경 위기를 인류의 위기로 인식하는 한계가 드러난다. 이와 달리 신설된 '기후변화와 지속가능한 세계' 과목에서는 과목의 성격으로 "지구에 존재하는 모든 생명과 공존의 세계를 만들어가기 위한 생태시민으로서의 인식 및 실천 역량을 함양한다."라는 목표를 제시한다는 점에서, 동물권에 기반한 비거니즘 교육에 조금 더 적합한 과목이라고 생각된다.

어찌 되었든 〈2015 개정 교육과정〉에 비해 생태 전환적 관점, 비거니즘 교육에 활용할 자원이 더 많아진 것은 환영할 만한 일이다. 그러나 현실적인 문제가 남아 있는데, 각 과목의 지위가 사실상 동등하지 않다는 점이 그것이다. 〈2022 개정 교육과정〉, 그중에서도 고등학교 교육과정의 보통 교과는 10개의 교과군에서 150개가 넘는 공통 과목 및 선택 과목(일반 선택, 진로 선택, 융합 선택)으로 구성되어 있다.

대학 입시와 이를 위한 대학수학능력시험 준비를 목표로 고등학교 교육이 굴러간다는 점을 고려하면, 공통 과목과 일반 선택 과목을 제외한 나머지 과목 중 태반은 어느 학교에서도 선택받지 못하는 과목이 될 것이고 교과서조차 만들어지지 않을 수도 있다. 앞서 언급한 '세계시민과 지리', '현대사회와 윤리' 과목은 입시와 직접적으로 관련된 선택 과목이므로 대부분의 학교가 개설할 가능성이 높지만, 진로 선택 과목인 '생태와 환경', 융합 선택 과목인 '기후변화와 지속가능한 세계'는 학교와 교사의 강한 의지가 없다면 학생들에게 선택지로 제공되는 것조차 어려운 상황이 만들어질 것이다.

정치적 행위로서의 교육

모든 교사는 교육과정을 재구성하여 수업을 실행한다. 이때 재구성의 재료가 되는 것은 본인의 교과뿐만 아니라 같은 학교급의 다른 교과도 포함될 수 있는데, 이때 국가 교육과정에 기반한 교과서와 교육 자료의 존재는 핵심적인 재료가 된다. 아직 〈2022 개정 교육과정〉에 기반한 교과서는 세상에 나오지 않았지만, 과연 비거니즘 교육을 위한 어떤 자료들을 만날 수 있을지 기대와 우려가 동시에 존재한다.

이는 표면적으로 대학 입시 중심의 교육과 이에 따른 학생 선택의 현실적 제약이 원인처럼 보이지만, 사실은 생태와 환경을 바라보는 인간 중심적인 시각이 여전히 존재한다는 심층적인 원인이 존재한다. 만약 사회가 인간 중심의 시각에서 벗어나 비인간 동물과의 공존에 적극적으로 동의한다면, 학생 대부분이 배울 일반 선택 과목에서도 이러한 관점이 반영될 수 있었을 것이다.

다시 처음으로 돌아가면, 교육과정 수립은 다양한 차원에서 '정치적 행위'임을 기억할 필요가 있다. 교육은 정치적이어서는 안 된다는 의견이 당연하다는 듯이 제시되지만, 누구에게 어떤 자원이 어떻게 분배될 것인지를 결정하는 것을 정치라고 한다면 교육은 그 절차를 만드는 인식의 기반이 되는 동시에 그 절차로 인해 만들어지는 구성물이기도 하다. 우리는 비거니즘을 위해 어떤 교육을, 어떤 정치를 할 것인가? 우리에게는 더욱 적극적인 고민과 실천이 필요하다.

3부

수업에서 비거니즘 다루기

한 학기 한 권 읽기
생태 전환 수업, 그 후에 남은 것

친구는 없지만 운은 있어서

교육과정 재구성 사례나 융합 수업 사례 연수에서 꼭 듣는 이야기가 있었다.

"혼자서는 어렵습니다. 시작할 때는 친한 선생님과 해야 합니다. 그게 아니라면 마음이 맞는 선생님을 만날 수 있기를, 운에 맡겨야 합니다."

연수 강사로 나온 선생님들은 겸손하지만, 겸손만으로 한 이야기는 아니다.

중학교 교사의 일주일 평균 수업 시간은 스무 시간 정도다. 일반적인 교육 편제표에 따르면 내 담당 교과인 국어는 한 학년을 일주일에 네다섯 시간 가르쳐야 한다. 한 학년에 다섯 반만 넘어가도 혼자서는 한 학년을 전담하기 힘들다. 그래서 보통은 학교 규모에 따라 두세 명의 교사가 한 학년을 나눠 맡는다. 교과서 단원을 나누거나 학급을 나눠 수업을 들어가는 식이다. 어떤 식이든 성취 수준을 판단하는 평가는 모든 학생에게 신뢰가 가고 타당하며 공정해야 하므로, 평가 방법과 기준은 동 교과, 동 학년 교사와 논의해 정한다.

함께 수업을 준비하는 데에는 혼자 준비하는 것보다 많은 시간과 노력이 든다. 교과서라는 공통의 지표 없이, 지금까지 자료와 경험을 쌓아 온 수업과는 다른 방식으로 교육과정을 재구성하려면 더더욱 그렇다. 이것이 연수 강사 선생님들이 '친한 선생님'이나 '운'이 필요하다고 말한 이유일 것이다. 초보자가 새로운 시도를 하려면 그에 따른 시간과 노력을 감수해 줄 만큼 정을 나눈 친구가 있어야 한다. 혹은 정이 없더라도 새로운 시도를 하려고 기꺼이 시간과 노력을 들일 마음이 있는 이를 만나는 운이 필요하다.

여기서부터 문제였다. 나는 학교에 친구가 없다! 정확히는 교사가 된 친구만 있고 친구가 된 교사가 없다. 학교에서 함께 교육과정을 재구성할 친구를 사귀는 것보다 혼자 교육과정을 재구성하는 게 쉬울 것 같았다. 학교를 옮긴 해에는 더더욱 기대가 없었다. 낯선 환경이었고, 예산 신청과 업무 분장 등 새 학기 준비가 이미 끝난 시점이었다. 일단 적응하는 데 집중

하며 주어진 일에만 충실할 생각이었다.

그런데 운이 좋았다. 마음이 맞는 선생님이 찾아왔다. 동학년 동 교과 선생님께서 먼저 한 학기 한 권 읽기 활동으로 생태 전환 수업을 해 보자고 제안하셨다. 그 선생님도 나와 같은 고민을 하셨는지 굉장히 조심스러운 태도였다. 무척 반가웠다. 기쁘게 의기투합했다. 동 학년 담당 교사 회의를 거쳐 미술 선생님도 합류했다. 2월 신학년 집중 준비 기간을 활용해 전체적인 틀을 짰다. 국어과에서 먼저 생태 전환 책을 읽고 독후 활동을 하면, 미술과에서 독후 활동 결과물을 바탕으로 생태 전환 스톱모션애니메이션을 만드는 교육과정이었다. 과정 중심 평가를 하여 수업의 내용이 평가로 이어지고, 평가 내용을 학생의 특성에 맞게 기록할 수 있도록 평가 방법과 기준을 설정했다.

생태 전환 수업을 하려고 선정한 중학교 2학년 1학기 국어과 성취 기준은 총 네 가지였다.

- 읽기: 읽기의 가치와 중요성을 깨닫고 읽기를 생활화하는 태도를 지닌다.
- 쓰기: 생각이나 느낌, 경험을 드러내는 다양한 표현을 활용하여 글을 쓴다.
- 듣기 · 말하기: 핵심 정보가 잘 드러나도록 내용을 구성하여 발표한다.

– 듣기 · 말하기: 매체 자료의 효과를 판단하며 듣는다.

교육과정을 재구성하면서 네 가지 성취 기준을 따라 크게 두 가지 활동으로 나눴다. 첫 번째는 읽기 영역과 쓰기 영역을 통합한 독서 논술 활동, 두 번째는 말하기와 듣기 영역을 통합한 핵심 정보 말하기 활동이었다. 독서 논술 활동과 핵심 정보 말하기 활동은 각각 네 가지 활동으로 구체화했다.

독서 논술 활동(1~9차시)

– 질문이 있는 독서 일지를 쓰며 생태 전환 관련 책을 읽는다.
– 책의 핵심 내용을 요약한다.
– 책의 핵심 주장 중 한 가지를 선정하고 근거를 들어 주장을 뒷받침하는 논설문을 쓴다.
– 다양한 표현을 활용하여 생태 전환 이야기를 만든다.

핵심 정보 말하기 활동(10~19차시)

– 책에서 핵심 정보를 선별하여 발표 내용을 구성한다.
– 발표의 핵심 내용이 드러나는 매체 자료를 활용하여 발표 자료를 만든다.
– 발표자의 말하기 전략을 활용하여 발표한다.
– 친구의 발표와 매체 자료를 평가한다.

한 학기 한 권 읽기 생태 전환 수업과 평가

생태 전환 관련 책은 동 교과 선생님의 추천으로 《환경과 생태 쫌 아는 10대》를 골랐다. 구어체로 되어 있어 쉽게 읽히고, 여덟 개의 장으로 나뉘어 플랜테이션, 생물 다양성, 패스트 패션, 동물권 등 생태와 관련된 주제를 다양하게 다뤘다. 선생님께서 미리 신청해 놓은 독서 기반 수업 예산이 있어 2학년 학생 전체에게 책을 한 권씩 배부할 수 있었다.

세 차시에 걸쳐 책을 읽으며 독서 일지를 작성하도록 했다. 독서 일지에는 새롭게 알게 된 것이나 재미있게 읽은 내용 등 기억에 남는 내용과 책을 읽으면서 생긴 질문, 그리고 그 질문에 대한 답을 쓰도록 했다. 열린 질문을 던지고 책의 내용을 기반으로 자신의 의견을 조리 있게 답변했는지를 누가 기록하여 평가했다.

4차시에는 읽은 내용을 바탕으로 핵심 내용을 요약하도록 했다. 요약 능력을 평가하기보다는 학생들이 글을 꼼꼼하게 읽고 정리하도록 하는 것이 목적인 활동이었다. 학생마다 읽는 속도에 차이가 있어서, 세 시간 동안 책을 다 읽지 못한 학생들에게 끝까지 읽을 기회를 주는 시간이기도 했다. 동 교과 선생님과 논의하여 책에서 알아야 할 핵심 내용을 미리 정리하고, 학생들이 책에서 핵심 단어와 문장을 찾아 완성하는 활동으로 진행했다. 적절한 단어와 문장을 찾아 정리했는지를 기준으로 평가했다.

5차시에는 책의 여덟 장 중 하나를 골라 해당 장의 핵심 주장을 뒷받침하는 글을 쓰도록 했다. 학생들이 생태 관련 주제 중 관심이 있는 주제를 고르고, 해당 주제에 대해 깊이 있게 이해하도록 하는 것이 목적이었다. 그래서 새로운 주장을 제시하기보다는 글에 제시된 주장을 뒷받침하는 근거를 찾도록 했다. 여덟 개 장마다 "미세 플라스틱의 발생 원인과 문제점을 설명하고, 이 문제를 해결하기 위해 개인과 기업이 할 수 있는 일을 각각 두 가지 이상 구체적으로 서술하시오."와 같이 세부적 조건이 포함된 논술 조건을 제시했다. 주어진 조건에 맞게 논술 주제의 의미와 문제, 해결 방안을 찾아 서술했는지를 기준으로 평가했다.

6차시부터 9차시까지는 학생들이 다양한 표현 방법을 익히고, 그것을 활용해 생태 전환 이야기를 만들도록 했다. 여덟 장 가운데 가장 관심 있는 한 가지를 고르도록 하고, 같은 장을 고른 학생들을 모아 모둠을 구성했다. 학생들은 모둠 구성원과 토의하여 해당 장과 관련된 생태 전환 주제를 한 가지 정하고, 그 주제를 실천할 방안을 담아 이야기를 만들었다. 완성된 이야기는 '발단-전개-위기-절정-결말'로 구분하고, 장면과 대사, 해설을 포함한 스토리보드를 만들었다. 이때 대사와 해설에 속담과 관용 표현, 격언, 그리고 비유와 상징 등의 창의적인 발상을 활용하도록 하여 평가와 연계했다.

이 활동에서 학생들은 독 사과가 아닌 미세 플라스틱을 먹고 쓰러진 백설 공주 이야기, 패딩 공장에 잡혀간 거위 친구를 구하려고 의류 회사의 사장으로 변신하여 비건 패딩을 만드는 너구리 이야기를 만들었다. 책에 나타난 플랜테이션 농업의 현실을 고발하는 다큐멘터리 형식의 이야기를 만들거나, 미세 플라스틱의 문제와 그 해결 방안에 관한 공익 광고를 만든 모둠도 있었다.

완성된 스토리보드는 미술 수업에서 스톱모션애니메이션을 만드는 데 활용했다. 스톱모션애니메이션 소품으로 꼭 일회용 쓰레기를 활용해야 한다는 조건이 있었다. 학생들은 교실에 버려진 쓰레기로 괴물이나 배경을 만들어 애니메이션에 담았다.

미술 시간에 스톱모션애니메이션을 만드는 동안 국어 시간에는 핵심 정보 말하기 활동을 진행했다. 10차시부터 14차시까지는 학생들에게 핵심 정보 말하기 발표에 활용할 수 있는 매체 자료의 종류와 그 효과, 그리고 발표자가 활용할 수 있는 발표 전략을 가르쳤다. 15, 16차시에서는 독서 논술 활동에서 읽은 책에서 원하는 주제를 골라 발표 내용을 구성하고, 매체 자료를 활용해 발표 자료를 만들도록 했다. 책에 있는 자료 외에도 다양한 정보를 수집하여 활용할 수 있도록 수업은 컴퓨터실에서 진행했다.

17차시부터 19차시까지는 목소리 크기와 빠르기, 억양을

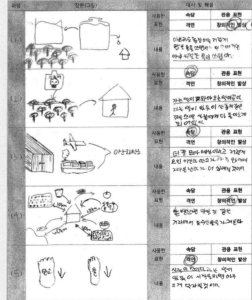

너구리와 거위 이야기(위)와 현실 고발 다큐멘터리(옆) 스토리보드

너구리와 거위 이야기(위)와 미세 플라스틱을 먹은 백설 공주 이야기(아래) 스톱모션애니메이션. 일반 쓰레기와 귤 포장재 등을 활용했다.

조절하거나 손짓과 표정, 시선 맞춤을 활용하는 등 다양한 발표 전략과 발표 자료를 활용하여 생태 전환 핵심 정보 말하기 발표를 했다. 발표하는 학생들은 사진과 도표, 그래프, 동영상 등 자신이 발표할 내용에 적절한 시청각 자료를 다양하게 활용했다. 최근에는 기후 위기 관련 정보가 많아 영상 자료를 활용한 학생이 많았다. 발표를 듣는 학생들은 핵심 정보가 잘 드러나는지, 그리고 사용한 매체 자료가 정보를 전달하는 데 적절한지를 중심으로 동료 평가를 하며 발표를 듣도록 했다.

교육과정 재구성-수업-평가의 마무리는 기록

교과별 평가 결과는 점수로 수치화되어 기록된다. 하지만 '과목별 세부능력 및 특기 사항'에 서술하여 기록할 수도 있다. 대체로 학급 당 4~5퍼센트 정도의 학생들에 대해 특기 사항을 기록하도록 권장하고 있어, 보통은 권장을 따라 수행평가 점수가 높은 학생들만 특기 사항을 기록한다. 하지만 성취 기준에 의해 점수가 깎였을 뿐, 책을 읽고 새로이 알게 된 사실에 놀라고, 서툴게나마 정보를 찾아 자기 생각을 확장하고, 생태와 자기 삶을 연결 지어 본 학생들이 있었다. 그런 점이야말로 '특기'할 만한 일이었다. 최대한 많은 학생의 활동 내용을 기록했다.

독서 논술 활동에서는 학생이 선택한 논술 주제, 모둠 활동에서 모둠이 선정한 이야기 주제, 그리고 인물의 대사와 해설에 활용한 다양한 표현의 종류가 구체적으로 드러나도록 기록했다. 핵심 정보 말하기 활동에서는 학생이 활용한 매체 자료의 종류와 발표 전략, 그리고 선정한 발표 주제를 기록했다.

한 학기의 활동이 모두 끝난 후에는 평가와는 별개로 생태 전환 실천 사진회를 열었다. 온라인 수업 플랫폼을 통해 학생들이 일상생활에서 생태 전환을 실천한 모습을 사진으로 찍어 올리도록 했다. 다회용 컵을 가져가 음료를 포장하고, 라벨을 떼어 내 페트병을 분리배출하는 사진들이 올라왔다. 참여한 모든 학생에게 팜유를 사용하지 않은 비건 과자를 줬다. 도서관 공간을 빌려 사진을 붙이고 학생들이 만든 애니메이션을 상영했다. 수업 시간을 활용해 학생들을 데리고 가서 다른 반 학생들의 작품도 함께 봤다.

학기를 마무리한 후에는 비건교사나는냥 이야기 모임을 통해 생태 전환 수업 사례를 공유하며 수업을 되돌아보는 시간을 가졌다. 내외부 회원을 초대해 온라인으로 수업 과정을 발표하고 이야기를 나눴다. 이야기 모임 참가자 대부분이 교직에 종사하는 분들이었다. 생태 전환처럼 특정 주제를 중심으로 수업을 연구하는 것은 주로 초등학교에서 이루어지기 때문에 중등 선생님과 관련 이야기를 나눌 기회가 적은데, 학교 밖에서 관심사가 같은 중등 선생님을 만나 볼 수 있어 좋았다.

OPEN 공유능이

GENDER
EQUALITY

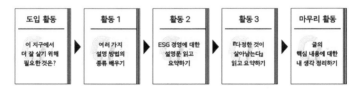

다정하게 지속가능한 삶의 이해

 다정하게 지속가능한 삶의 이해 : 개념 이해하기

GENDER
EQUALITY

VI. 교사용 지도안

도입 활동	활동 1	활동 2	활동 3	마무리 활동
이 지구에서 더 잘 살기 위해 필요한 것은?	여러 가지 설명 방법의 종류 배우기	ESG 경영에 대한 설명문 읽고 요약하기	「다정한 것이 살아남는다」 읽고 요약하기	글의 핵심 내용에 대한 내 생각 정리하기

● 학습목표 ●
1. 글에 사용된 다양한 설명 방법과 그 효과를 파악하며 ESG 경영과 진화론 연구에 관한 글을 읽고 핵심 내용을 파악한다.
2. 공동체 구성원의 상호작용과 지속가능한 삶을 위한 다양성 존중의 필요성을 이해한다.

〈다정하게 지속가능한 삶의 이해〉 강의
자료 시리즈. 젠더온 사이트에서 자료를
다운로드할 수 있다.

동료 교사와 협의하는 과정의 어려움에 많은 분이 공감해 주셨고, 학생들의 배움이 실천으로 이어지도록 유도하는 방법에 관해서도 함께 고민해 주셨다.

그리고 이야기 모임을 통해 한국양성평등교육진흥원과 연이 닿아 함께 강의 자료를 제작하게 됐다. 인간과 생태계의 지속 가능한 공존을 다룬 기존 수업을 인간 간의 지속 가능한 공존에 초점을 맞춰 수정, 보완하여 〈다정하게 지속가능한 삶의 이해〉 강의 자료 시리즈를 만들었다. 약자와 소수자 권리를 존중해야 할 필요성을 느끼지 못하는 학생들에게 지속 가능한 삶을 위해서는 다양성을 존중하는 태도가 필요함을 안내하고, 그러한 태도를 생활 속에서 실천하고 연습해 보는 국어과 연계 수업 콘텐츠다. 비거니즘의 가치관과 맞닿아 있어 기쁘게 작업했다.

조금 더 알게 된 내가 남는다

생태 전환 교육이 지겹다고 하는 학생도 있었다. 윤리와 정의, 권리에 대해 듣고 말하는 게 지겹다니! 지겨워하는 건 어떤 문제를 타인의 일이라 여기고 연민할 뿐 죄책감을 느끼지 못할 때 나오는 반응이다. 그래서 지겹다고 말하는 사람들을 보면 서운했다. 때로는 못됐다고 속으로 욕하기도 했다. 하지만 지겹다고 말하는 학생이 못됐다고 단정 짓고 욕하고 싶지는 않았다. 그래서도 안 됐다. 다만 지겹다고 말하는 이유를 알고 싶었다. 《물결》 2021년 봄호에 실린 홍성환 님의 글에서 그 답을 찾았다. "큰 변화가 없었던 상황에서 새로운 해결책이 제시되지 않았기 때문에 희망이 없다고 느끼게 되어 흥미를 잃게 되는 것"이었다. 학생들은 초등학생 때부터 생태계 공동체의 중요성과 기후 위기에 대해 배운다. 공동체의 문제와 기후 위기 문제가 해결됐다면 더는 배우지 않아도 될 내용을, 문제가 해결되지 않아서 계속 들어야 했던 것이다. 지겨울 법도 했다.

학생들이 느끼는 지겨움만이 난관인 건 아니다. 인간 중심적으로 살아온 시간에 비해 한 학기는 무척 짧은 시간이다. 한 학기의 생태 전환 수업으로 학생들의 생각이 완전히 '전환'될 수는 없었다. 책에는 생태에 관한 여덟 개의 주제가 있었지만, 학생 대부분이 익숙하게 알고 있는 미세 플라스틱을 골라 글을 쓰고 발표했다. 미세 플라스틱의 문제와 해결 방안이 무엇인지 요약하고 발표하면서 정확하게 알게 됐지만, 그 이후에도 플라스틱에 담긴 물을 잔뜩 사 마셨고 교실의 쓰레기통은 분리배출이 잘 이루어지지 않았다. 미술 수업에서 쓸 쓰레기를 만들겠다고 일부러 종이컵을 쓰고 종이를 찢었다. 무엇보다 '평가'가 개입되는 순간 자발성과는 멀어질 수밖에 없었다. 그걸 알면서도 일말의 기대를 했고, 학생들이 기대만큼 달라지지 않자 당황했다.

생태 전환 교육 연수 강사 선생님께 고민을 토로했다. 선생님은 학생들이 실천하기 어렵게 만드는 원인을 파악해야 한다고 했다. 예를 들어 학생들이 분리배출을 하지 않는다면, 분리배출을 귀찮고 어렵게 만드는 게 무엇인지, 지금 교실의 분리배출 환경이 어떤지 파악하고 문제를 해결해 줘야 한다는 것이었다. 맞는 말이었다. 생태 전환에 대한 지식과 기능을 배우고 태도를 바꿔도 사회문화적 기반이 마련되지 않으면 실천하기 어렵다. 매일 급식 대신 먹을 도시락을 싸느라 절절맸으면서도 학생들이 비슷한 어려움을 겪고 있으리라는 걸 눈치채지 못했다. 홍성환 님은 위의 책에서 사람들을 깨우려면 이전과는 다른, 무시할 수 없는 해결책을 제시해 가장 아픈 곳을 찔러야 한다고도 했다. 생태 전환 교육, 나아가 비거니즘 교육이 학교 현장에서 '큰 변화를 끌어내는 무시할 수 없는 해결책'이 되려면 사회·문화적 환경의 변화가 뒷받침되어야 할 것이다.

여전히 학교에 친구가 없다. 지나간 행운은 언제 다시 찾아올지 알 수 없다. 그래도 행운이 지나가는 동안 교육에는 접촉이 필요하다는 것, 잘하든 못하든 일단 하면 '하는' 게 된다는 것, 그리고 친구와 행운과 환경이라는 동료가 필요하다는 사실을 알았다. 교육해도 학생들이 달라지지 않으면 남는 게 없는 것 같지만, 매번 조금 더 알게 된 내가 남는다. 남은 것이 희망이 되어 흥미를 잃지 않도록 해 주리라 믿는다.

나의 슬픈 비거니즘 교육 이야기

어영부영 시작한 비거니즘 교육

지금 학교에서 처음 근무하게 되었을 때, 동료 교사 사이에서 내가 비건이라는 소문이 꽤 빠르게 퍼진 듯했다. 개학하기 전부터 만나는 선생님마다 내가 비건이라는 이야기를 들었다며, 어떤 이유로 비건을 지향하는지 물었다. 그중 나의 비건 지향에 가장 관심이 많은 분은 교감 선생님이셨다. 교감이 되기 전에는 생명과학 교사로, 환경과 생태에 관심이 많은 분이셨다. 교육청이 생태 전환 교육을 지원한다는 소식을 들은 교감 선생님은 내게 생태 전환 교육을 해 볼 생각이 있냐고 물었다. 나는 "어…… 넵!" 하고 답했다.

"어……"에 담긴 뜻은 다음과 같다. 생태 전환 교육이 대체 뭐지? 비거니즘 교육이라고 생각해도 되나? 다행히 교육청에서 나온 자료를 뒤져 보고는 생태 전환 교육의 의미를 파악할 수 있었다. 그리고 비거니즘 교육도 생태 전환 교육의 범주에 포함될 수 있겠다는 생각이 들었다. 그런데 문제가 있었다. 내가 일상에서 비거니즘을 실천하려 노력하고, 비거니즘에 관한 책을 읽고 강의를 듣는다고 해서 비거니즘 교육이 가능한 인재가 되는 것은 아니라는 점이다. 한국인 대부분이 한국어 교육을 받았고 한국어를 일상적으로 사용하지만 한국어 교육자가 되는 것은 다른 차원의 일인 것처럼 말이다.

"넵!"에 담긴 뜻은 다음과 같다. 이왕 이렇게 된 거, 교육청에서 지원해 준다고 할 때 뭐라도 해 보자! 그래도 교육자로서 경험과 기술이 있는데, 단순한 예산 낭비 이상의 무언가는 할 수 있지 않겠어? 망설임의 시간은 있었지만 산뜻하게 대답할 수 있었던 것은 비건으로 이미 몇 년을 지내 왔고, 그 두 배 이상의 시간을 교사로 지내 온 나의 능력을 믿었기 때문이다.

많은 고전문학 작품에서 드러나듯이, 등장인물의 교만함과 지나친 자기 확신은 결국 스스로를 해치는 칼날이 되기 마련이다. 나의 비거니즘 교육이 실패한 원인은 철저히 나 자신이었다. 교육청도, 교감 선생님도 탓할 수 없다는 사실이 나를 슬프게 했다. 그래서 무슨 일이 있었는가 하면,

3월에 공문이 하나 왔다. 교육청에서 예산을 지원할 테니,

지역사회 연계 생태 전환 교육을 실시하고자 하는 학교는 신청하라는 내용이었다. 나는 당시 연수·장학 등을 담당하는 교육연구부의 실무를 맡은 연구 기획이었고, 공문은 내게 배정되었다. 마침 생태 전환 교육에 대해 관심이 있던 터라 호기롭게 신청하고, 학교 수준 교육과정을 담은 학교 교육 계획서가 완성되기 전이라 생태 전환 교육에 대한 내용을 슬쩍 끼워 넣었다. 왜냐하면 학교 교육 계획서를 만드는 것도 내 업무였기 때문이다. 결재를 올리고, 모두의 응원(정확히는 교감 선생님의 응원과 연구부장님의 우려) 속에서 신청자를 받았다.

자만이 불러온 실패

교사 중에도 고등학교에서는 대학 입시와 관련이 없는 교육은 불가능하다고 생각하는 사람이 많다. 대학원에서 민주 시민 교육 수업을 들은 적이 있는데, 많은 선생님이 대학 입시가 사라지기 전까지는 고등학교 민주 시민 교육은 불가능하다는 이야기를 너무도 쉽게 했다. 초등학교와 중학교에서 열심히 가르쳐 봤자 고등학교에 가면 다 잊어버린다는 이야기를 당연하다는 듯이 했다. 고등학교에서만 근무하며 온갖 방법으로 최선을 다해 사회정의 교육을 실천하는 선생님들을 봐온 나로서는 그런 폄하를 참을 수 없어서 수업 시간에 언쟁이 벌어지곤 했다. 그리고 당장 이번 학기에 고등학교, 심지어 자율형 사립고에서 생태 전환 교육을 해야 하는 나는 어떻게 했냐면, 교육에 참여하면 생활기록부에 적힌다는 말을 안내문에 넣어 진하게 표시하고 밑줄까지 표시했다…….

살짝 패배한 기분이 들기는 했지만 홍보는 성공적이었는지 온라인 선착순 모집 30명이 2분 만에 채워졌다. 대부분이 내가 당시에 가르치고 있던 1학년 학생이었다. 처음에는 교사에 대한 호감이나 익숙함이 교육 참여에 영향을 미친 것이 아닐까 생각했는데, 교육 오리엔테이션에서 받은 자기소개서에는 생명과학 분야에 대한 관심, 비거니즘에 대한 흥미 등이 교육 참여 이유로 적혀 있었다. (물론 친숙한 교사가 교육한다는 점이 매우 중요한 요소라는 사실을 지금은 안다. 왜냐하면 이 글을 쓰는 지금, 내가 가르치지 않는 1학년 대상으로 선착순 25명을 모집 중인 생태 전환 교육에는 신청자가 두 명이다. 세상에, 두 명이라니.)

교육은 다음과 같이 진행되었다. 매주 화요일 방과 후에 총 9회의 교육이 있었고, 지역사회의 시민 사회단체에서 파견된 강사가 그중 4회의 강의를 담당했다. 그 강의는 훌륭했다. 강의가 기후 위기 대응에 초점이 맞춰져 있어서 '채식 선택권'에 대한 수업을 제외하고는 비거니즘과 큰 상관이 없어 보이긴 했지만, 비거니즘에 관한 내용은 내가 준비해서 강의하면 되는 부분이라 큰 문제가 없다고 생각했다. 문제는 내게 있었다. 내가 비거니즘에 대해 무엇을 교육할지 제대로 생각하고 있지 않았다는 것이다.

9회 중 내가 담당하는 5회의 교육은 오리엔테이션 1회, 강의 1회, 모둠 활동 2회, 성찰 에세이 작성 1회로 이루어져 있었다. 그러니까 계획에 따르면 결국 내가 강의하는 시간은 1회밖에 없는데, 그 시간 안에 비거니즘에 대한 관심과 흥미와 지식과 오해와 이해와 쟁점과 현실과 실천과 방향 같은 것들을 다뤄야 했다. 당연히 불가능했다. 나는 비거니즘에 관심과 흥미를 불러일으키는 강의를 해야겠다고 마음먹었고, 비거니즘 관련 기초 지식을 짧게 다루고 일상에서 비거니즘을 실천할 수 있는 방법을 공유하는 내용으로 강의를 구성했다. 결론을 이야기하자면 그 수업은 그냥 '비건 맛집 탐방기' 정도의 내용이 되었다. 여러분, 이 집의 비건 떡볶이가 맛있고요, 이 가게의 비건 샌드위치가 든든한데요, 이 과자가 비건이라는 사실을 알고 있었나요? 많이 사 드세요!

평소에는 그렇게 동물권이 어쩌고, 교차성 페미니즘이 어쩌고 잘도 주워섬기더니 막상 학생들 앞에서 비거니즘 강의를 한다고 나서서 하는 이야기가 더 많은 소비 종용이라니, 강의가 끝나고 부끄러움에 몸 둘 바를 몰랐다. 일상에서 자신이 할 수 있는 선에서 비거니즘을 실천할 방법을 아는 것이 필요 없다는 이야기가 아니다. 지속 가능한 비건 지향의 삶을 위해서는 자신이 할 수 있는 방법으로 꾸준히 실천하는 것이 필요하다는 말에 동의한다. 한 명의 완벽한 비건보다 100명의 불완전한 비건이 더 필요하다는 말에도 공감한다. 그렇지만 그 기저에는 철학과 신념, 가치관이 깔려 있어야 한다고 생각한다. 사상적 배경이 없는 지속 가능한 실천은 어불성설이다. 나는 '쉬운 실천'에 경도되어 본질을 놓쳐 버린 것이다.

교사보다 나은 학생, 수업보다 나은 책이 심은 씨앗

교육 현장에서 흔히 하는 이야기 중 하나는 "교육의 질은 교사의 질을 뛰어넘을 수 없다."라는 말이다. 틀린 말은 아니지만, 언제나 맞는 말도 아니다. 적어도 이번 교육에 있어서는 그리 맞지 않는 말이었다. 내 강의는 차마 훌륭하다고 말할 수 없었지만, 다행히 독서 기반 수업의 예산을 활용하는 교육이라 학생들은 훌륭한 책을 읽고 모둠 활동에 참여할 수 있었다. '질문이 있는 서울형 독서 토론' 방식과 '월드 카페식 토론' 방식을 접목한 모둠 활동에서 학생들은 좋은 토의·토론 주제를 만들어 냈다. 총 세 개로 결정된 주제는 다음과 같았다.

- 동물을 좋아하는 사람이 고기를 먹는 것은 옳다.
- 반려동물 주인들의 이중성에 대한 자신의 생각은?
- 인간이 모두 채식을 한다면 생태계에 어떤 영향을 미칠까?

첫 번째 주제는, 학생들이 국어 수업 시간에 배운 '토론에 적합한 주제'에 해당하는 주제였다. 명확히 찬반으로 나뉠 수 있는 주제를 선정하여 각각의 근거를 대며 서로 논박할 수 있는 주제였다. 두 번째 주제는, 첫 번째 주제와 겹치는 부분이 있었으나 완전히 그렇지는 않았다. 실제로 비건 지향을 결심하는 사람 중 적지 않은 수가 반려동물로 인해 비건을 시작하기도 하고, 반려동물과 함께 사는 비건 중에서는 동물 유래 사료를 소비해도 되는지 고민하는 경우도 있기 때문이다. 세 번째 주제는, 너무도 과학적인 주제라서 내가 말을 얹기에는 조심스러우나 흥미로운 주제였다. 토의의 결과를 정리하는 과정이 마인드맵처럼 뻗어 나가는 것이 흥미로웠다. 토의·토론의 결과가 궁금할 분들을 위해 소개하자면 다음과 같다.

주제 1
동물을 좋아하는 사람이 고기를 먹는 것은 옳다.

옳다	옳지 않다
- 영양분 섭취가 필요하다. - 반려동물과 가축은 다르다. - 좋아하는 것과 먹는 것은 상관없다.	- 모순적인 행동이다. - 동물권에 대한 고려가 없다. - 지구온난화를 심화한다. - 윤리적 문제가 있다.

– 각자의 취향을 존중해
  야 한다.
– 음식 외에도 이미 동물
  이 많이 쓰인다.
	– 반려동물과 가축을 다르
	  게 인식한다.

주제 2

반려동물 주인들의 이중성에 대한 자신의 생각은?

이중성이 아니다

– 서로 먹고 먹히며 돌아가는 게 생태계이고, 자연의 이치다.

– 생태 피라미드에서 볼 수 있듯 생태계는 생물이 다른 개체를
섭취하면서 돌아간다.

– 인간이 살아가는 데 꼭 필요한 단백질을 섭취하지 않는 것은
사실상 불가능하다.

– 인간은 생명 유지를 위해 고기 섭취가 어느 정도 필요하고,
반려동물과 도축되는 가축은 엄연히 다르다고 생각할 수
있다.

– 반려동물과 먹이사슬을 구분하여 바라본다면 문제가 없다.
반려동물을 그저 동물로만 보기에는 어려움이 있다.

– 동물을 사랑하는 마음과 고기를 먹지 않는 것은 서로 연관지
을 수 없는 별개의 문제다.

– 반려동물도 필수적으로 섭취해야 하는 영양분이 있으므로
어쩔 수 없다.

– 원래 개라는 동물은 잡식성 동물이다. 만약 이중성이라고 주장한다면 모든 반려동물은 채식을 해야 한다. 주인은 반려동물에게 식량을 공급해 줄 뿐이다.

이중성이 맞다

– 음식을 섭취하는 데서 얻을 수 있는 영양분 대부분은 다양한 비건 식품에서도 얻을 수 있다.
– 자신이 키우는 동물의 종이 아닌 동물이라고 먹이로 쓰여도 된다는 의견은 편향적이다.

이중성이라고 볼 수도 있고 아닐 수도 있다

– 어떤 사람은 반려동물을 그냥 동물과는 다른, 자신의 가족처럼 생각할 수 있지만, 어떤 사람은 똑같은 동물이라고 생각할 수도 있다.

주제 3

인간이 모두 채식을 한다면 생태계에 어떤 영향을 미칠까?

– 반 정도라면 모르겠지만 모두가 채식을 한다면 오히려 식물들이 다 사라지고 인간, 동물만 남게 되어 생태계 균형이 깨질 것이다.
– 동물의 수가 증가하여 오히려 더 지구온난화가 심해질 것이고, 동물의 생태계가 불균형해질 것이다.

학교에 비거니즘을

- 동물이 증가하니까 동물이 내보내는 이산화탄소가 많아져 지구온난화가 심화될 것이다.
- 모두가 채식을 하면 현재 문제가 되고 있는 이산화탄소 양을 줄이기에 효과적이지만 생태계 피라미드가 무너질 우려가 있다. 그러나 사람들이 채식을 위해 식물 재배를 늘리고 동물 수를 유지한다면 문제가 없다. 기술 발전으로 해결할 수 있을 것이다.
- 과학기술의 발전으로 인해 필요한 만큼의 식량이 공급될 것이므로 생태계 불균형은 없을 것이다.
- 도축이 사라질 것이다.
- 소가 배출하는 메테인 가스가 줄어들어 지구온난화가 완화될 것이다.
- 메테인 가스가 감소하겠지만 식물로만 영양소를 채우기 때문에 식물 수가 감소해 산소가 줄어들 것이다.
- 모두 채식을 한다면 육류를 먹지 않으니까 이산화탄소 배출량이 줄어들지 몰라도 식물은 줄어들 것 같다.
- 녹지와 열대우림, 농지가 늘고 사막화가 늦춰질 것이다.
- 난 채소 싫어! 먹을 게 없잖아ㅠㅠ 그래도 과일은 좋다.

위의 내용은 학생들의 의견을 대부분 반영한 것이다. 내용을 보면 이것이 과연 비거니즘 교육의 결과가 맞는지 의심이 들 것이다. 토의·토론 수업의 가장 중요한 원칙은 교사가 정답을 제시하지 않는 것이라고 한다. 그래서 나는 학생들이 직접 도출한 토의·토론 주제에 대해 특별한 언급을 하지 않았고, 토의·토론 과정에도 개입하지 않았으며, 각 모둠의 발표에 대해서만 짧게 코멘트를 남겼다. 그리고 며칠 동안 슬퍼했다. 학생 주도의 참여형 수업에 교사가 최소한으로 개입하는 것은 교육적으로 맞는데, 기껏 비거니즘 교육을 하겠다고 나서서 교육을 9회차나 진행하고 나온 결과가 이렇다니. 어설픈 교육 계획과 강의로 학생들에게 괜히 비거니즘에 반대할 이유만 준 것이 아닌가 하는 생각이 들었다. 애써 스스로를 위로하자면, 그래도 학생들은 비거니즘 책을 읽고 비거니즘에 관한 생각을 나눌 기회를 가졌다. 비거니즘이 강요해서 되는 일이 아니라는 사실은 일상을 살아가면서 매일 경험하는 것이기에, 작은 씨앗을 심었다는 것에 만족하기로 했다.

계속되는 실패에도 불구하고

지나친 자기 위로로 보일 수 있다는 것을 알고 있으나, 어쨌거나 우수한 책과 훌륭한 학생들로 인해 교육의 질이 교사의 질을 뛰어넘을 수 있었다고 생각한다. 솔직히 말하자면, 이렇게 의미 있는 토론·토의 주제가 정해지고 월드 카페라는 낯선 방식으로도 수업이 원활하게 진행될 수 있었던 가장 큰 이유는 해당 주제에 관심이 많은 학생만 남았기 때문이다.

처음 30명으로 시작한 수업은 마지막에 17명을 남기고 끝났다. 생활기록부에 기록된다는 점을 강조했었으나, 방과 후에 남아 9회씩이나 교육에 참여하고 생활기록부에 두세 줄 적히는 것이 가성비가 현저하게 떨어진다는 사실을 학생들이 알아차리는 건 어려운 일이 아니었다. 게다가 강의 내용이 비거니즘에 대한 관심과 흥미를 돋울 만한 것도 아니었을 테니, 나로서는 겸허히 실패를 받아들이고 후일을 기약하는 수밖에 없었다.

그해 7월, 새로운 공문이 왔다. 관내 도서관에서 도서를 지원하고 전문가를 파견해 독서 토론 수업을 진행하는 프로그램이었는데, 마침 주제가 비거니즘이었다. 지난 교육을 발판 삼아 계획을 완전히 바꿨다. 외부 전문가가 진행하는 강의 및 활동이 2회, 내가 진행하는 강의가 1회, 동료 교사의 강의가 1회로 총 4회의 교육이었다. 학생들의 이탈을 고려해 예비 신청자도 받았고, 간식비 예산을 적게 배정해 한 개의 샌드위치를 두 명이서 나눠 먹어야 했던 지난 교육과 달리 멋진 비건 간식을 많이 소개하겠다는 포부도 가졌다.

결과는 어땠냐면, 교육이 짧아 이탈자는 적었으나 교육 효과에 대해서는 의문이었다. 외부 전문가는 독서 토론의 전문가이기는 했으나 비거니즘에 대한 관심과 이해는 그리 높지 않아 보였다. 나는 '비거니즘에 대한 이해와 오해'라는 거창한 제목을 달고 강의를 했으나 고작 1회의 강의로 전달할 수 있는 내용은 많지 않았다. 동료 교사에게는 '기후 변화와 지역 생태계'라는 주제로 강의를 요청했으니 비거니즘과 직접적인 관련을 찾기는 어려웠다. 심지어 간식비 예산은 여전히 부족해서 학생들은 비건 마카롱을 1인당 1구씩 먹고 "퍽퍽하네요." 정도의 감상을 남겼다.

당시에는 어디 가서 비거니즘 교육을 했다고 말하기도 부끄럽다고 생각했으나 이걸 책에 쓰고 있다니 스스로도 믿을 수가 없다. 이 부끄러운 경험을 굳이 나누는 이유가 무엇일지, 이 글을 읽는 분들이 이해하리라 믿는다. 나는 올해도 비거니즘 교육을 계획하고 실행한다. 그저 비거니즘 교육을 했다는 얕은 만족감 이상의 성과를 얻으려고 애쓸 것이다. 그 결과는 또 한 번의 슬픈 실패일 수도 있겠으나, 더 나은 교육을 위해 최선을 다할 것이다. 부디 다음에는 학생들에게도, 동료 교사에게도, 사회에도 부끄럽지 않은 비거니즘 교육이 되기를 바라는 마음뿐이다.

몸으로 만나는 비거니즘 수업

타자와 연결되기: 완벽한 타자는 없다

몸으로 하는 수업을 좋아한다. 배움이란 모름지기 몸에서 일어나는 일이지만 온몸을 움직이며 동작이 있는 수업은 특별하다. 어릴 적 기억을 더듬어 보더라도 몸과 연결된 기억은 비교적 선명하게 떠오른다. 자전거를 타다 넘어졌던 기억, 처음으로 물구나무를 성공한 기억, 잡채를 먹고 체해 화장실을 들락거리며 된통 고생했던 기억. 나는 몸에 새겨진 경험은 쉽게 사라지지 않고 찰거머리처럼 붙어 있으리라는 믿음을 가지고 있다.

그래서였을까. 비거니즘 수업을 결심했을 때 동작이 있는 수업을 꾸리고 싶었다. 비거니즘은 무엇보다도 실천이 중요하기에 몸을 움직여 경험한다면 쉽게 익숙해지고 생활에 녹아들리라 생각했다. 더욱이 우리는 태어나 평생 하나의 몸에 머물며 살아가기에 자신이 아닌 존재를 만나 연결되고 교감하는 경험은 중요하지 않을 수 없다. 내가 아닌 존재와 만났을 때, 상대의 입장에서 생각하고 느끼려면 움직임이 필요하다.

역사적으로 많은 폭력은 타자화에서 시작됐다. 타자는 나와 관계를 맺는 '우리'라는 범주에 속한 자와 아닌 자들로 나뉜다. 많은 이가 '우리'에 속한 대상과는 우호적인 관계를 맺으며 서로 쉽게 이해하고 공감한다. 반면 나와 무관한 타자는 배제의 대상이 되거나 심한 경우 존재 자체가 인식되지 않기도 한다. 최근 인류가 겪은 코로나19 팬데믹을 생각하면 우리는 의식하지 못해도 타자와 끊임없이 영향을 미치며 살아간다는 사실을 부정할 수 없다. 내가 마시는 커피 한 잔만 보더라도 만나 본 적 없는 에티오피아 커피 농장 노동자의 손길이 담겨 있고, 단 5분의 편리를 위해 사용한 비닐봉지는 오랜 시간 바다를 유영하며 생물들을 위협하지 않던가. 이처럼 우리는 서로에게 완벽한 타자가 될 수 없다.

비거니즘 수업을 구상하며 지금껏 '우리'의 범주에 들어가지 않았던 타자와의 연결에 초점을 맞췄다. 그러다 학생들이 랩에 싸인 호박이 나무에서 열리는 줄 안다는 걸, 감자 잎을 보고도 땅속의 감자를 상상하지 못한다는 걸 알게 되었다.

채소뿐 아니라 축산 동물 역시 본래 모습을 떠올리지 못하도록 깔끔하게 포장된 상품이 되어 진열되는 문제도 함께 다뤄야 했다. 교사인 내가 학생들과 무엇을 나눠야 할지 조금씩 명확해졌다. 그렇게 타자를 만나고 서로가 연결되어 있다는 인식을 회복하는 과정은 수업이 되었다.

새롭게 맺는 관계: 인간 중심적 사고에서 벗어나기

난 교사가 된 뒤로 죽 텃밭을 운영했다. 임용 후 첫 발령지는 평평한 논과 지리산의 위엄을 한데 느낄 수 있는 곳이었다. 첫 담임을 맡은 3월 말 봄, 땅이 살살 녹으니 교내의 공기가 분주해졌다. 학교 건물 뒤편의 텅 빈 땅을 뒤엎어 농사를 준비해야 하니 각 반 선생님은 모두 모이라는 방송이 스피커를 타고 흘러나왔다. 장화에 챙이 달린 모자를 보란 듯 쓰고 나온 옆 반 선생님을 보니 깔끔한 셔츠와 흰 운동화 차림인 내 복장은 처음부터 잘못 끼운 단추 같았다. 그렇게 어영부영 텃밭을 운영하게 되었다.

당시에는 시골에 오면 다 밭뙈기 하나를 받는 줄 알았다. 하지만 지금 되돌아보면 어림없는 소리. 텃밭 운영은 물리적인 공간은 물론이고 학교 구성원의 동의와 협력이 준비되어 있지 않으면 불가능한 일이다. 난 운이 좋아 텃밭 교육에 적극적인 구성원을 만났고, 덕분에 여러 농사 선생님을 옆에 두고 학생의 마음으로 참여할 수 있었다.

처음 텃밭 운영을 시작한 당시는 비건을 결심한 초창기였기에 열성적인 마음이 가득했다. 우리 반 텃밭은 누가 뭐래도 친환경적으로 운영하리라 다짐했다. 그러나 텃밭을 환경 교육의 장으로 활용하겠다는 막대한 포부와는 달리 구체적인 방향을 잡는 건 막연하기만 했다. 고심 끝에 인간 중심적 사고에서 벗어난 텃밭 프로젝트인 '모두를 위한 식탁'을 기획하게 되었다. 공장식 축산도, 시급한 기후 위기 문제도 모두 인간을 중심에 두고 이익을 좇아 벌어진 일이라는 결론에 다다랐기 때문이다. 방향성을 잡은 뒤에는 학생들과 나눌 질문을 준비했다.

'모두를 위한 식탁' 프로젝트를 시작하기 전 '모두'는 누구를 말하는 것인지를 다 같이 이해할 필요가 있었다. 텃밭에는 우리(인간)만 존재하는 것이 아니며, 그들(인간을 제외한 모든 존재)이 생활하는 공동 공간이라는 사실을 학생들과 다시금 약속했다. 텃밭의 목적은 '우리 손으로 신선한 작물을 길러 먹는다'였지만, 교육 현장에서만 가능한 농사를 짓고자 했다. 많은 작물을 수확하는 것이 아닌 다른 존재를 만나고 그들에게 어떤 태도를 보일지 고민하는 텃밭을 목표로 삼았다.

농사를 짓는다고 생각하니 비건으로서 품고 있던 텃밭 로망을 실현할 좋은 기회가 생겼다며 꽤 들떴다. 다양한 작물을 기르고 싶었다. 가지, 오이, 토마토, 상추, 당근, 시금치……. 학생들에게 작물 후보를 보여 주자 여기저기서 불만 섞인 소리가 들렸다. "그런 채소는 싫어하는데요." 학생마다 서로 자신이 싫어하는 채소와 그 이유를 말하느라 교실은 웅성대는 소리로 가득 찼다. 몇몇은 자신을 어떤 채소도 먹지 않는 채소 강경파라 소개하기도 했다.

곤란한 상황을 수습하려고 자신이 가장 좋아하는 채소를 소개해 보기로 했다. 좋아하는 채소와 그 이유를 서로 나누며 함께 기를 작물을 조율했다. 채소를 싫어하는 이유도, 채소를 좋아하는 이유도 자세하게 적고 나누다 보니 아직 심지도 않은 작물과 가까워진 기분이었다. 결국 우리 반 텃밭은 각자가 좋아하는 작물을 조금씩 옹기종기 심게 되었다. 이제 겨우 손가락만 한 모종을 심으며 상추가 자라면 먹을 비빔밥, 당근을 넣은 김밥 이야기를 했다. 좋아하는 마음은 쉽게 전염되기 마련. 학생들이 싫어한다고 말했던 '그런 채소'와도 조금씩 가까워지길 바랐다.

텃밭 귀퉁이엔 아삭한 맛이 일품인 당근을 심기로 했다. 당근은 모종이 아닌 씨를 뿌려 가꾸는 것이 일반적이다. 땅에 긴 홈을 파고 씨를 뿌린 뒤 흙으로 살짝 덮어 두면 봄비 두세 번 지나간 땅에서 여린 싹이 고개를 든다. 간격을 두고 씨를 심지 않았으니 새싹은 한 길 초록 선을 그리며 자란다. 이는 작은 새싹일 때까지는 문제가 되지 않지만, 당근을 충분한 크기로 키우려면 '솎아주기'라는 작업이 필요하다.

눈으로 보기에 튼튼해 보이는 새싹만 남겨 두고 간격을 맞춰 나머지를 모두 뽑아내는 과정인 솎아주기를 학생들에게 설명했을 때 표정이란. 한 학생이 "불필요한 것과 필요한 것의 차이를 제가 결정할 수 있어요?"라고 물었다. 다른 학생들도 이제 막 틔워 낸 새싹은 자라고 싶을 텐데 자신들 마음대로 뽑아낼 수 없다고 주장했다. 효율적인 농사법을 따르다 제대로 난처한 상황이 되었다.

결국 학생들은 '새싹 이사'를 해결책으로 제시했다. 새싹이 조금 더 자라도록 두고 연둣빛이 초록빛으로 짙어졌을 때 당근이 자랄 공간을 충분히 남기고 새싹을 옮겨 심는 대대적인 이사 작업이 시작되었다. 이 과정에서 많은 새싹이 변화한 환경을 견디지 못하고 죽었다. 하지만 학생들은 우리가 처한 상황에서 다른 존재에 대한 책임감을 보이며 애썼다.

신기하게도 그들은 늘 상상하지 못했던 질문으로 배움의 기회를 만든다. 나도 그 덕분에 작은 당근 새싹을 뽑지 못하고 울렁거렸던 마음을 아직도 생생하게 기억하고 있다.

모두를 위한 식탁: 보이지 않아도 질문하기

사람은 눈앞에 살아 움직이는 생물에는 민감하게 반응하고 공감하지만, 눈에 보이지 않는 대상에 대해서는 쉽게 무감해지기 마련이다. 이를 경계하고자 텃밭 프로젝트가 고려하는 '모두'에 지구 생태계를 포함했다. 생태계에 최소한의 부담을 주는 텃밭 운영을 하기로 결정하고 맨 처음 마음먹은 건 '쓰레기 없는' 텃밭이었다.

학교에서 텃밭을 운영할 때 가장 어려운 점은 지속적인 관리이기 때문에 노동력을 대신할 전략이 필요하다. 밭에서 흔히 쓰이는 방법은 잡초가 올라오지 않도록 땅에 검정 비닐을 덮는 것이다. 검정 비닐은 햇빛을 차단해 키우고자 하는 작물을 제외하고 땅을 덮어 두면 다른 식물의 성장을 방해한다. 매해 새 비닐을 깔고 비닐을 걷어 내며 수확하는 건 텃밭을 운영하는 효율적인 방법이다. 그러다 보니 수확 시기에 밭에 깔렸던 검정 비닐을 걷어 내면 엄청난 크기의 둔덕을 이룬다. 나는 이 검정 비닐을 밭에 씌우지 않는 것만으로도 많은 쓰레기를 줄일 수 있다고 낙관적으로 기뻐했다. 그렇게 우리 반 텃밭 운영은 다른 텃밭과는 달리 맨땅을 그대로 드러내고 시작되었다.

예상했지만 검정 비닐을 깔지 않은 대가는 그 이상의 노동으로 치러야 했다. 검정 비닐이 없으니 어떤 씨앗이라도 튼튼하게 싹텄기 때문이다. 우리가 가꾸는 작물보다 이름도 알 수 없는 식물들이 더욱 무성하게 자랐다. 쓰레기를 만들지 않으려 시작했던 비닐 없는 농사는 새로운 질문을 가져왔다. '잡초라 불리는 식물은 정말 불필요한가? 누구에게 불필요한 것인가?' 학생들은 앞서 당근 사건을 겪었기에 잡초라는 이름 자체가 차별적이라 답했다. 인간의 이익에 어긋나면 잡다하다고 분류하는 건 지나친 인간 중심적 관점이라고. 하지만 동시에 우리는 텃밭에서 작물을 길러 낸다는 목표를 가지고 있으니 작물을 제외한 다른 식물을 어떻게 대할지 결정해야 했다.

토의 끝에 우리는 작물의 성장에 방해되는 범위 안에서만 씨가 맺기 전 풀을 뽑고, 뽑은 풀을 작물의 거름으로 활용하자고 결정했다. 이는 우리가 바라본 생태계의 순환과정이었다. 고심해서 내린 선택은 생각보다 더 효과적이었다. 작물 옆에 뉘어 말린 이름 모를 풀은 검정 비닐처럼 햇빛을 막아 주었기 때문이다. 더불어 작물에 줬던 물의 증발을 막아 따갑게 내리쬐는 여름의 햇살도 쉽게 견딜 수 있었다.

이러한 노력에도 불구하고 비료를 주지 않고 살충제도 뿌리지 않은 텃밭의 수확량은 저조했다. 애벌레가 좋아하는 상추에는 구멍이 뚫리고, 빨갛게 익은 방울토마토는 손톱보다 작았다. '상추를 먹는 애벌레와는 어떤 관계를 맺어야 할까?' 라는 새로운 질문이 떠올랐다. 한번 연결된 마음은 자꾸만 확장되었기에 우린 애벌레와 공존을 택했다. 대신 서로의 경계를 지켜 주기를 바라는 마음으로 피충제를 만들었다. 곤충이 좋아하지 않는 허브 추출물을 넣어 곤충 스스로 피하게 하자는 의도였다. 곤충과 우리의 관계를 새롭게 정의한 것이다.

느리지만 모두를 위해 계속 고민하며 텃밭을 일궜다. 작고 적은 작물을 수확해도 함께 나누며 즐거워했다. 작물을 수확할 때도 쓰레기 없는 텃밭의 지향점은 꺾이지 않았다. 비닐봉지와 플라스틱 대신 가정에서 다회용기를 준비해 와 작물을 담았다. 작물을 기르는 과정을 텃밭 성장 기록으로 가정과 꾸준히 공유했기에 학생의 가정에서도 학급의 텃밭 운영 방향을 응원해 주셨다. 번거로운 일이었지만 다회용기를 챙길 수 있도록 지원하고, 텃밭 채소 먹기 자랑 대회도 적극적으로 함께 참여해 주셨다. 배움은 교실에서 끝나지 않고 가정과 같은 가치관을 공유해야 학생의 일상 속 실천으로 계속될 수 있다.

물론 매년 하는 텃밭 운영이 쉬울 리 없다. 거듭 새로운 문제를 마주하고 수많은 해결책을 고민해야 한다. 그러다 보니 내년에는 텃밭을 쉬자 마음먹지만 새해가 되면 홀린 듯 심기일전하여 새 농사를 계획하게 된다. 땀을 내고 손을 움직이면 따가운 햇빛에도 제 속도대로 자라는 채소들을 보는 것만으로도 충분한 기쁨을 가져오기 때문일까. 최근 도시로 학교를 옮겼지만, 텃밭에 대한 허기는 줄어들지 않았다. 결국 상자텃밭을 운영하며 여전히 학생들과 작물을 기르고 있다. 어느새 텃밭은 내가 학생과 나누고 싶은 소중한 일상이 되었다.

편리함을 빼고 '없이' 시작한 텃밭은 내게 가장 큰 배움을 줬다. 쓰레기 없이, 살충제 없이. 없는 것도 많았지만, 우린 그렇게 만들어진 공백 사이로 새로운 방법을 찾았다. 살아 있는

쓰레기 없이 기르고 수확한 텃밭 채소

텃밭 채소 먹기 자랑 대회

생명이 내 식탁 위에 오르는 과정과 그 속에서 만난 존재, 흐르는 땀은 변함없이 단단한 수업의 방향이었다. '모두를 위한 식탁' 프로젝트를 통해 이전과는 다른 관계를 경험한 학생은 직접 기르던 작물을 넘어 식탁에 오르는 다른 음식에 대해 고민하기 시작했다. 텃밭을 일구며 만난 작은 곤충, 땅속 지렁이에게 고마움을 품던 기억은 고통이 따르는 육식을 줄여 나갈 이유로 이어졌다. 인간만이 아닌 모든 생명을, 지속 가능한 지구를 위하는 우리는 멈추지 않고 무럭무럭 자랄 것이다.

행복의 조건: 공장식 축산 들여다보기

텃밭으로 감화되어 식탁에 오르는 먹거리를 새롭게 바라보기 시작한 학생들을 위해 비거니즘 심화 수업을 준비했다. 우리의 식생활이 어떤 과정을 야기하고 그로 인해 누가 고통받고 있는지 보여 주고 싶었고, 보아야 한다고 생각했다. 우리가 육식을 소비하는 방식은 대상이 되는 존재와 관계적으로 철저하게 유리되어 있다. 비인간 동물이 도축되는 과정은 일상에서 소거되어 있기에 죄책감이나 여타의 감정 없이 육식을 즐길 수 있다. "기분이 저기압이면(좋지 않으면) 고기 앞으로 가라."는 폭력적인 언행이 유행할 정도로 사람들은 먹는 것, 그중에서도 육식과 행복을 연관 지어 기억한다. 이 지점에서 우리는 '행복'이란 무엇인지 다시 생각해 보지 않을 수 없다. 타자의 고통 위에 나의 행복을 세울 수 있을까?

그렇게 공장식 축산의 구조와 그에 속해 있는 객체를 만나는 '행복의 조건' 프로젝트를 준비했다. '행복의 조건' 프로젝트는 동물권과 동물 복지를 다룬다. 동물권과 동물 복지는 우리에게 익숙한 단어가 되었지만, 이 단어와 함께 떠올리는 대상은 대부분 반려동물일 것이다. 반려동물은 우리 곁에 있는 사랑의 대상이며, 이름이 있으니 권리가 있어 마땅한 존재라 여긴다. 그들에게 비윤리적인 폭력이 이루어진다면 많은 이가 강경한 처벌을 원할 것이다.

하지만 인간은 모든 비인간 동물에게 같은 태도를 보이지 않는다. 공장식 축산 동물을 마땅히 식재료로 여기는 마음가짐, 이는 명백한 '종 차별'에 해당한다. '행복의 조건' 수업은 인간 중심적 관점으로 동물을 소비의 대상과 사랑의 대상으로 구분하는 기준의 모순을 밝히고 공장식 축산의 현실을 외면하지 않는 것을 목표로 둔다. 초등학교 수준에서 복지와 권리의 개념은 난해할 수 있어 '행복'을 중심에 두고 이야기를 풀어 나갔다. 모든 생명은 자신의 삶을 행복으로 가득 채울 수 있어야 하며, 그 행복은 누구도 억압해서는 안 된다는 가치를 수업에 담았다.

먼저 그림책 《돼지 이야기》를 함께 읽었다. 이 책은 흑백으로 된 그림책인데, 돼지가 공장식 축산 시스템 안에서 어떤 방식으로 길러지고 도축되는지 보여 준다. 소리가 없는 정지된 그림에서 어쩐지 학생들은 살아 있는 고통을 느낀다. 울음소리가 들리는지 눈살을 찌푸리는 학생도 있었다. 책을 읽고 느껴지는 감정을 하나의 단어로 표현하도록 하니 '공포', '고통', '죽음'이라는 답변이 많았다. 삶을 채우고 있어야 할 기쁨과 행복은 돼지의 삶에서 느껴지지 않았다. 학생들에게 거꾸로 묻지 않을 수 없었다. "당신이 생각하는 행복이란 무엇입니까?"

다양한 답변이 나왔다. 안정감을 느낄 수 있어야 하고, 위험하지 않고, 배가 부르고, 사랑하는 존재가 곁에 있고……. 학생들의 답변을 중심으로 행복의 조건을 정리했다. 그 후 우리가 정리한 행복의 조건에 공장식 축산 동물의 하루가 부합하는지 조사했다. 우리가 육식으로 소비하는 존재가 어떻게 살고 있는지 가로막힌 벽을 허물고 진실을 찾아가는 과정이었다.

축산 농가에 있는 동물은 모두 제 수명대로 살지 못하고, 태어나 도살되는 짧은 순간마저 인간에 의해 결정되기 마련이다. 산란계의 경우 배터리 케이지라 불리는 A4 용지보다 작은 공간에서 평생을 살아간다. 그마저도 바닥이 뚫린 철사로 만들어져 발바닥은 갈라진 채 상처가 아물 틈이 없다. 상품성을 위해 몸무게가 200킬로그램 이상 길러지는 돼지 역시 사정은 매한가지다. 전지 두 장을 세로로 이어 붙인 크기의 스톨에서 마음대로 몸을 돌리지 못한 채 사는 것이 축산 농가에서 길러지는 돼지에게 허락된 전부다.

　나는 학생들과 짧게라도 좋으니 그들이 사는 삶을 몸으로 경험하고 싶었다. 닭의 마음으로 A4 학습지에 올라서 버텨 보고, 전지 위에 누워 종이 크기만큼만 허락된 하루를 상상했다. 돼지, 닭의 몸에 내 몸을 겹쳐 보며 그들의 심정을 헤아렸다. 물론 학생들이 겪는 종이 위의 경험은 짧고 단편적이며, 공장식 축산과 비교할 수 없을 만큼 청결하고 위생적이다. 하지만 몸을 움직여 만나고 나서 학생들은 이전과는 다른 마음으로 그들의 행복을 바라게 되었다.

　공장식 축산이라는 구조를 그대로 운영하며 그 안에 속한 존재의 행복을 바라는 건 위선적이다. 인간의 식생활을 유지하려고 다른 생명을 착취하는 구조는 지구의 어떤 생명에게도 당연시되어선 안 된다. 수업을 구상하며 동물 복지가 인간의 선의로 여겨지거나 시혜적인 관점으로 이해되지 않도록 경계했다. 인간에 의해 비인간 동물들에게 행복이 주어지는 것이 아니라 그들 스스로 마땅히 행복을 누릴 수 있어야 한다. 행복은 추상적인 개념이지만 그것을 기준으로 삼으니 우리가 해야 하는 행동은 뚜렷해졌다. 우리에게는 육식 소비를 기술과 과학의 발달로 해결하려 미루지 않고, 고기로 길러지는 존재가 고통을 느끼는 시스템을 거부할 용기가 필요하다.

　움직이는 수업을 통해 몸을 가진 존재를 새롭게 대면하며 모두가 어디에서도, 누구에게도 속박당하지 않고 자유롭길 희망하게 됐다. 물론 여전히 공장식 축산 시스템은 공고하다. 하루에도 셀 수 없이 많은 이가 죽는다. 하지만 언젠가 모든 교실에서 비거니즘 교육이 이루어지고, 더는 죄책감이 아닌 사랑과 행복을 나누며 그들을 만날 날을 꿈꾼다.

초등학교 교실에서 동물과의 공존을 이야기하기

어디까지 이야기할 수 있을까?

최근 몇 년 사이 우리는 기후 위기의 심각성을 피부에 닿게 체험하고 있다. 기후 위기를 헤쳐 나갈 방안 중 하나로 교육의 중요성이 언급되면서 교육계에서는 기존의 환경 교육을 '생태 전환 교육'으로 변경해 시행을 강조하고 있다. 이에 따라 학교 교육과정에 '생태 전환 교육' 필수 시수가 정해졌고, 4월 22일 지구의 날, 6월 5일 환경의 날 등을 활용해 학교 차원의 교육 또한 시행되고 있다.

첫 만남부터 학생들에게 내가 비건이라는 사실을 소개하며 학생들이 비거니즘에 자연스럽게 노출되도록 했으나, 이는 교사인 나의 이야기를 전달한 것일 뿐 학생들이 본인의 삶에 적용하고 세상을 바라보는 시각을 바꾸는 것은 한계가 있다. 학생 스스로 사고하고 체험하며 경험을 쌓도록 하는 수업이 필요하다. 교육과정에 생태 전환 교육의 중요성이 언급된 것은 너무나도 반가운 일이다. 하지만 생태 전환 교육의 내용은 광범위해서 주어진 시수에 모든 이야기를 나누기엔 시간이 턱없이 부족하다. 특히 비거니즘은 먹거리 교육과 연결되는데 탄소 배출을 줄이는 식단으로 채식을 제안하는 데에 그쳐 동물권까지 포괄하는 비거니즘 교육을 진행하는 데에는 한계가 있다. 이러한 이유로 나는 주어진 교과 수업 시간을 최대한 활용해 교과 연계 비거니즘 교육을 시행하고자 노력하고 있다.

이 과정이 마냥 쉽지만은 않다. 모든 수업엔 응당 고민이 깃들지만, 비거니즘 수업을 할 땐 더욱 그렇다. 더 싸고 많은 고기를 얻으려고 무참히 동물을 죽이는 공장식 축산의 현실을 알려 주면서도 당장 급식은 남기지 말고 먹으라고 말해야 하는 모순을 수업 준비 과정에서부터 느끼고, 살던 곳에서 납치당해 동물원에 가두어진 동물들이 어떤 불행을 겪는지를 알려 주면서는 학생들이 자신을 동물원에 데려가는 보호자가 나쁘다고 생각하게 될까 봐 걱정부터 든다. 인간이 비인간 동물을 어떻게 착취하는지에 관한 진실을 마주하는 일은 성인이 된 내게도 충격적이었는데 초등학생이 받아들일 수 있는 수준은 어디까지인지도 짐작하기 어려울 때가 많다.

여러 고민 속에서 세운 나의 목표는 진실을 그대로 전달하되 학생들이 충격을 받아 회피하거나 우울한 감정에 빠지진 않도록 잘 정제하여 전달하는 것이다. 또한 학생들은 가족의 보살핌을 받는 상황이므로 어느 정도까지 주체적으로 실천할 수 있을지를 학생들과 함께 고민하며 부담을 느끼지 않게끔 노력한다.

마음 열기

비거니즘은 비단 동물만이 아니라 다양한 식물 및 작물과 새로운 관계를 맺는 것을 포함한다. 비건이 되기 전 벚나무, 개나리, 은행나무, 단풍나무 등 계절을 대표하는 몇 식물을 제외하고는 내 곁의 자연이 계절별로 어떤 아름다움을 보여 주는지, 내 주변을 채우는 식물은 무엇인지 전혀 알지 못하고 관심도 크게 없었다. 또한 제철 작물을 즐길 줄 몰랐고, 철이 맞지 않는 작물을 먹는 것이 어떤 결과를 낳는지 고려하지 않았다. 곤충은 무서운 존재였고 피하기 바빴다. 비건이 된 이후론 이전과 정반대로 나아가고 있다. 마음 열고 자연과 관계 맺는 일은 나를 풍요롭게 해 주었다.

학생들이 이 연결감을 느끼기를 바라는 마음에 학기 초에는 학교 밖으로 나간다. 4월 전후로 날씨가 따뜻해지면서 교정은 굉장히 다채로워진다. 연필과 도화지를 기본으로 하되 여력이 된다면 루페와 같은 확대경이나 사진기를 챙겨 가 충분히 관찰하도록 한다. 이때 생물은 가능한 한 손대지 않고 눈으로만 관찰하도록 안내한다. 학생들은 나무나 꽃만 관찰하지 않는다. 허리를 깊게 숙여 땅을 자세히 보기도 하고 흙을 손에 얹어 관찰하기도 한다. 나뭇잎의 잎맥뿐 아니라 나무의 몸통에 루페를 대뜸 들이밀며 감탄도 한다. 식물들 사이에 어떤 동물들이 살고 있는지도 자세히 보라고 일러 주면 동물들의 움직임을 한참 눈으로 좇는 것도 볼 수 있다. 무서워하거나 혹은 이제껏 함부로 죽여 왔던 곤충들의 움직임을 살피며 그들의 생동감에 새삼스레 감탄하곤 한다.

이어서 관찰한 것 중 원하는 한 가지를 골라 자세히 그려 보게끔 한다. 아주 작은 부분이라도 좋고 똑같이 그리지 못해도 괜찮다고 덧붙인다. 나뭇잎을 그리면서 잎맥의 촘촘함에 감탄하고 꽃의 암술과 수술을 그리면서 꽃잎에 가려져 있던 모습을 발견한다. 나뭇가지와 나무껍질을 그리면서 놓쳤던 결을 인지한다.

더불어 디지털 기기를 활용해 식물들을 촬영하고 이름이나 특징을 검색해 보는 활동도 할 수 있다. 여기까지 하고 나면 한동안 학생들은 집 주변에 어떤 식물이 있는지, 학교에서 본 것과 어떤 것이 같고 다른지 이야기하기 바쁘다.

고학년인 경우, 실과 교과를 활용하기 좋다. 실과는 실제

생활에 적용 가능한 기술을 배우고 활용하는 교과로 실천적 문제 해결 능력과 기술적 문제 해결 능력을 길러 준다. 그렇다 보니 영역의 구분이나 세부적인 내용은 교육과정이 개정됨에 따라 조금씩 바뀌더라도 실과는 여전히 비건 교육과 접목할 여지가 많다.

균형 잡힌 식사와 식습관, 식재료의 생산과 선택, 옷의 기능과 옷차림 등 식재료 및 음식과 생활용품 전반에 걸친 주제 아래 동식물 자원 및 관련 기술, 동식물 가꾸고 기르기 등의 주제에서 동물권 및 채식 기반 먹거리 활동이 가능하다. 안전한 식품 선택과 조리 주제에서는 식품 정보를 자세히 살펴보며 내가 먹는 음식을 더욱 주체적으로 탐구하고 불필요한 비인간 동물의 섭취가 얼마나 만연하게 일어나는지 알 수 있다. 또한 친환경 미래 농업 주제를 다룰 때 저탄소 녹색 성장을 기반으로 한 작물 재배에 대해 알아보며 우리의 식탁이 나아갈 방향을 논할 수도 있다.

동식물 자원 활용 주제에서는 반려동물, 농장 동물, 특수 동물로 동물을 구분하고 인간이 각각의 동물을 어떻게 활용하는지 다루고 있어서 동물권과 접목하기 좋다. 직접적으로 인간이 어떻게 동물을 활용하고 있는지 말하고 있기에 이만큼 동물권을 다루기 좋은 조건이 없다. 이 주제로 진행한 비거니즘 수업을 공유하고자 한다. (주제의 난이도에 따라 꼭 고학년 실과 교과가 아니더라도 그림책 등을 활용하여 저·중학년에서도 활용 가능하다.)

동물과 함께 살고 있는 사람 있나요?

반려동물은 학생들에게 아주 친숙하고 존재 자체만으로 관심을 끈다. 교과서에 실린 강아지나 고양이 사진을 볼 때면 귀엽다는 탄성이 여기저기서 나온다. 분명 인간에게 사랑받고 있는 존재이지만 과연 반려동물의 입장은 어떤지 고민해 볼 지점이 있다. 수업에 앞서 질문을 던진다.

"지금 동물과 함께 살고 있는 사람 있나요?"(의도적으로 '키 운다'가 아니라 '함께 산다'라는 표현을 쓴다.)

이어서 어떻게 그 동물과 같이 살게 됐는지 묻는다.

"부모님이 사 줬어요."

"생일에 선물로 받았어요."

"길에 버려져 있는 것 같다고 부모님이 데려오셨어요."

이때 여지없이 나오는 말이 '사 줬다', '선물 받았다' 등의 표현이다. 반려동물과 살고 있지 않은 학생들은 이어서 본인도 반려동물을 '갖고 싶다'라고 말한다. 언어와 사고가 상호작용한다는 면에서 이 말들은 학생들이 반려동물은 '소유'할 수 있고, 그렇기에 '대체'될 수도 있으며, 그 생명에 대한 주도권은 '인간'이 지니는 것이라 여기게 한다. 언어를 정제하며 반려동물과 함께 산다는 표현을 고집하는 이유다.

교과서에서도 반려동물의 역할은 정서적 안정을 주기 위함이라고 소개하고 있으니 말 그대로 동물은 인간이 활용하는 하나의 '자원'으로 여겨진다. 그러니 인간의 상황에 따라 유기되는 동물이 생기고, 인간의 왜곡된 욕구에 따라 개종되며, A급부터 급이 나뉘어 펫 숍˙으로 보내진다.

이러한 현실을 공유하기에 앞서 반려동물로 인간과 함께 살고 있는 다양한 종을 살펴본다. 강아지나 고양이와 같이 우리에게 익숙한 동물 외에도 햄스터, 거북, 도마뱀, 사슴벌레 등 다양한 동물이 인간과 살고 있다. 간혹 학생 중 위와 같은 흔하지 않은 동물을 키우게 되어서 신기하고 좋다고 말하는 경우가 있다. 하지만 한국에 드물게 서식하는 동물들이 인간의 집에 오는 과정은 비인간적이다. 본래 서식지에서 납치되듯 포획되어 좁은 우리에 갇힌 채 평생을 살면서 판매를 위한 번식을 쉬지 않는다. 일부 동물은 일종의 재테크 방법으로 여겨지기도 한다.

학생들에게 인간이 키우는 반려동물에 어떤 종이 있는지 떠올리게 한 후 각 동물의 특징과 본래의 서식지, 살아가는 방식 등을 나누어 조사하고 공유하도록 한다. 그 과정에서 오늘날 인간이 동물과 공존하는 방식은 지극히 인간 중심적임을 느낄 수 있도록 한다. 수업을 시작할 때 동물을 '키우는지' 묻

● 살아 있는 동물을 판매하는 곳으로, 펫 숍에서 판매되는 동물은 대부분 비인도적으로 운영되는 번식장에서 온다. 번식장의 동물들은 열악한 환경에서 임신과 출산을 반복한다. 동물의 나이, 상태 등에 따라 등급과 가격이 다르게 매겨져 펫 숍으로 보내지며 유행이 지난 동물들은 버려지기도 한다.

지 않고 '함께 사는지' 질문했던 이유가 이런 고민 속에 있음을 언급한다.

이어서 유기 동물을 다룬다. 학생들은 반려동물에 대부분 호의적인 데다 동물 유기가 잘못된 행동임은 대체로 잘 알고 있기에 불편해한다. 유기 동물 관련 기사를 제시하거나 직접 찾아보도록 하며 심각성을 공유하고 여전히 해결되지 않은 문제와 관련해 학생으로서 할 수 있는 일을 생각하게 한다. 반려동물과 같이 살고 있는 학생이라면 끝까지 함께할 것을 다짐하고 그렇지 않은 학생도 참여할 수 있도록 포스터 등 캠페인 자료를 만드는 활동으로 연결한다.

이어서 왜 유기 동물이 이렇게 많아졌는지 질문한다. 학생들에게서도 현실을 반영한 답변이 꽤 나온다. 늙어서, 키워 보니 힘들어서, 기대한 것과 달라서 등……. 이사 등 환경의 변화나 알레르기, 높은 의료비 등 학생들에게서 나오지 않은 이유를 덧붙인 후 그러한 이유로 동물을 유기해도 되는지 묻는다. 이렇게 질의응답을 통해 학생들은 어떤 이유로도 동물을 유기하는 것은 쉬이 용납하기 어려운 일이라는 점을 느낀다.

유기 동물까지 이야기를 마친 후 인간이 반려동물을 하나의 도구로 여겼기에 그 모든 행위가 가능했음을 짚어 준다. 그 결과 펫 숍과 같이 동물을 상품처럼 판매하는 곳이 여전히 운영된다는 점도 언급한다. 이때 학급에 펫 숍에서 반려동물을 만난 학생이 있다면 지난 일에 죄책감을 느끼기보다 한국의 반려동물 시장의 실태를 바로 알고 앞으로의 선택을 달리하는 것이 중요하다고 일러 준다.

'살아 있던' 음식들

농장 동물은 공장식 축산부터 채식까지 연결해 다룰 수 있는 주제다. 교과서에는 농장 동물 혹은 경제동물이라는 이름으로 닭·돼지·소 등이 목초지 같은 곳에서 생기 있게 살아가는 모습으로 등장한다. 하지만 현실은 그렇지 않다. 사람들은 대부분 닭·돼지·소라고 했을 때 그들의 살아 있는 모습보다는 음식을 먼저 떠올린다. 비인간 동물의 고기를 먹는 행위는 먹거리를 즐기는 일이라는 사회적 합의가 되어 있다. 오리·양 등을 비롯해 가장 흔히 음식이 되는 비인간 동물인 닭·돼지·소는 본래의 이름을 잃고 각각 치킨·삼겹살·소고기 등 철저하게 음식으로 소비된다.

음식으로서 새로 붙여진 이름은 그 존재가 생명이었음을 생각하지 못하게 하고, 생명이 음식이 되는 과정을 철저하게 지운다. 초등학생들도 이미 이 철저한 분리에 능숙하다. 교과서 속 동물 사진을 보자마자 학생들은 "오, 치킨이다!"라는 외침을 시작으로 삼겹살과 소고기를 먹고 싶다고 말한다. 여기서부터 고기와 생명을 연결하기 위한 나의 노력이 시작된다.

창의적 체험 활동의 생명 존중 교육과 실과 교과의 식재료와 식생활 주제를 연계해 진행한다.

우선 학생들에게 좋아하는 음식을 물어 칠판 가득 받아 적는다. 먹는 것이라 학생들은 신이 나서 이야기한다. 가장 많이 나오는 것은 단연 치킨이다. 이어서 햄버거·돼지고기·피자 등이 있는데, 과일을 제외하고는 모두 동물성 재료가 들어간 음식이다. 이를 치킨·돼지고기·햄버거로 추리고 각각이 우리 입으로 들어오기까지의 과정을 되짚어 보도록 한다.

모둠별로 토의 과정을 거치는데 학생들 모두 음식점, 유통업, 농장으로 이어지는 큰 흐름을 잘 짚는다. 다만 모든 모둠이 그 끝에 닭·돼지·소라는 동물을 언급하진 못한다. 모둠의 토의 과정을 나누면서 음식의 시작은 동물이었음을 상기시키고 각 동물의 특성을 떠올려 보게 한다. 일부는 구체적으로 알고 있으나 대부분은 인간이 활용하는 특성 이외에는 잘 알지 못한다.

본래 동물의 특성을 더 알아볼 수 있도록 영상과 기사 자료를 제공하고 정리해 보도록 한다. 닭은 인지능력과 공감 능력이 뛰어나고 모래 목욕을 즐기며 평균 수명은 20~30년까지라는 것, 돼지 또한 인지능력이 우수해 잠자는 공간과 배설하는 공간을 구분하고 진흙 혹은 물에서 하는 목욕을 즐긴다는 것, 소는 얼굴에서 다양한 감정을 읽을 수 있고 되새김질을 즐기며 평균 수명이 20년 가까이 된다는 것. 모두 학생들에게 낯선 이야기다. 낯설지만 이제 학생들에게는 새로운 이야기가 주어진다. 닭과 돼지, 소가 어떻게 살아가는지에 대한 이야기다.

이어서 '살아 있던' 동물이 어떻게 음식이 되는지 알린다. 수위가 높지 않은 영상을 골라서 보여 준다. 동물들이 갇혀 있는 좁은 케이지나 쇠창살, 관리를 쉽게 하고자 약물을 투여하거나 부리 혹은 꼬리를 자르는 행태 등을 보며 농장 시스템 안에서는 동물이 고유의 특성대로 살 수 없음을 학생들은 느낀다. 이것을 '공장식 축산'이라고 부른다는 것을 알려 주고, 인간의 수요를 채우려고 동물들은 기계적으로 길러지고 그 속에서 그들이 마땅히 누려야 할 권리는 무시된다고 덧붙인다.

이러한 일련의 활동 후 공장식 축산에 대응해서 우리가 할 수 있는 일이 무엇일지 물어본다. 대체로 비슷하게 답한다.

"이제 고기 안 먹어야 할 것 같아요."

"치킨 못 먹겠어요."

"동물을 먹는 건 너무 끔찍한 것 같아요."

"인간들은 다 못됐어요!"

동시에 또 다른 마음도 내비친다.

"근데 저는 삼겹살을 제일 좋아하는데……."

"제가 제일 좋아하는 빵에는 우유나 달걀이 들어갈 것 같아요……."

너무나도 자연스러운 반응이다. 곧바로 먹지 않겠다는 다짐을 말할 수도 있지만 오랜 시간 생명이 아니라 음식으로 여겨 온 것을 한순간에 뒤집기란 쉽지 않다. 특히 학생들은 무엇을 먹을 것인지를 스스로 정하기 어렵기에 더욱 그러하다.

당장에 바꿀 수 없더라도 진실을 알고 있는 것이 중요하다고 부연하며 가능한 선에서 우리가 할 수 있는 일을 생각해 보도록 한다. 동물 복지 제품 선택하기, 일주일에 하루는 채식하기 등의 방법을 알려 준다. 동물 복지는 여전히 한계가 자명하다는 점도 덧붙인다. 동물 복지라고 해도 인간이 비인간 동물을 이용하는 공장식 축산 등의 시스템이 유지된다면, 그 속에서 비인간 동물이 진정한 복지를 누리기는 힘들다. 그리고 내가 살아 있는 생명을 더는 먹고 싶지 않았기에 채식을 시작하고 비건이 되었음을 비로소 전달한다.

채식을 하는 것이 동물과 공존하는 방법 중 하나라고 한들 학생들에게는 먼 이야기다. 그린 급식이 권장되고 있으나 물살이˙가 고려되지 않은 식단이 대부분이며, 그린 급식이라고 하면서도 고명으로 동물의 살점이 올라가기도 한다. 또한 학생들이 스스로 먹을 음식을 정하고 요리를 하는 데 한계가

• '물고기'라는 단어는 '물'과 '식용하는 동물의 살'이라는 뜻의 '고기'로 이루어져 있다. 살아 숨 쉬는 독립적인 존재를 '인간이 식용하는 살'로 부르는 것은 다분히 종 차별적이다. 이에 동물 해방 운동 진영에서는 '물에 사는 생명'이라는 뜻의 '물살이'로 바꾸어 쓸 것을 권장한다.

있기에 대부분 육식에 더 익숙하다. 비건 간식을 넘어서 학생들이 직접 비건 음식을 만들고 맛보는 것이 중요한 이유다. 학교에서 실습할 수 있는 비건 음식은 떡볶이, 김밥, 샌드위치 등 다양하다. 사실 실습하는 음식 대부분은 비건으로 변경할 수 있다.

실과 시간에 학생들과 샌드위치를 만들 때 우유와 달걀이 들어가지 않은 밀 또띠아, 학생들과 텃밭에서 기른 상추와 방울토마토, 콩고기 등을 사용했다. 학생들은 콩고기에 큰 관심을 보였는데 반응도 굉장히 좋았다. 사실 콩고기와 같은 대체육은 실제 동물 살점의 맛을 흉내 내고 있어 오히려 고기를 떠올리게 하진 않을까 고민스러웠지만 이미 많이 활용되고 있고 말 그대로 고기를 '대체'할 수 있는 선택지가 있음을 보여 주고 싶었기에 사용했다. 음식을 만드는 건 당연히 즐거운 일이지만 충분한 먹거리 교육 후 진행한 실습은 학생들에게 더욱 깊은 인상을 남긴 듯했다. 학생들은 각각의 재료를 읊으며 왜 이 음식이 비건이며 친환경적인지 설명하곤 한다. 자신의 식사를 주체적으로 살피는 기회를 갖는 것이다.

더불어 10월 1일 채식인의 날 또는 11월 1일 세계 비건의 날에 학생들과 채식, 비건에 대한 전반적인 이야기를 나눈다. 비건이 되는 이유와 이점들, 기후 위기와 동물권과의 연결성을 이야기하고 건강 및 영양에 관한 궁금증을 풀고 다양한 비건 식당과 요리를 소개한다.

연결된다는 것

글의 도입에서도 언급했듯이, 생태 전환 교육이 강조되는 것은 반가운 일이다. 하지만 사회적인 이슈가 있을 때마다 '○○교육'이라는 이름으로 그 모든 책임과 의무는 학교에 지워진다. 학교는 이미 수많은 범교과 교육으로 가득 차서 허덕이고 있다. 또한 범교과 주제들 그 자체만으로도 전달하고 나눌 이야기가 많아서 주어진 시수로는 턱없이 부족하다. 이런 이유로 교사들은 교육과정 재구성을 통한 교과 및 창의적 체험 활동과의 연계에 힘쓰게 된다. 본 글에서는 실과 교과 위주의 사례를 들었으나 실제로는 모든 교과에서 생태 전환 교육, 동물권 교육의 연관성을 찾고 있다. 그러나 교사 개인에게 맡겨진 작금의 현실에는 한계가 존재한다. 근무 시간 외의 더 큰 노력을 들여야만 가르치는 교과의 성취 기준을 훑고 평가 기준을 새로 세우는 것이 겨우 가능해진다.

생태 전환 교육은 인간의 생존과 직결되는 문제인 만큼 당분간은 관심이 더 커질 듯하다. 또한 학생의 생활과 긴밀하게 연결되는 교육 내용이므로 학교에서의 교육이 분명 효과를 볼 수 있으리라 기대하기도 한다. 학교에서 시행되는 만큼 가정과 사회의 관심 또한 높아져야 하며, 생태 전환 교육의 본질은 결국 인간이 지구 생태계와 공존하여 살아가는 것인 만큼, 비거니즘 교육 또한 더욱 활발히 논의해야 한다.

비건을 지향하고 나서 한동안 비건을 시작하게 된 이유를 말할 일이 많았다. 앞서 말했듯이 동물권이 그 이유였지만, 말하려고 하면 할수록 이면의 복잡한 것들이 얽혀 있음을 느꼈다. 실타래를 하나씩 풀다가 다다른 건 어린 시절 기억인데, 초등학교 4학년 즈음 돼지·닭·소가 음식이 되려면 죽음을 맞이해야 하고 그 과정이 고통스럽다는 것을 시각적으로 알게 된 순간이다. 그때의 나는 동물을 먹는 게 잔인하다고 느꼈다. 하지만 그 사실을 알려 준 이를 포함해 다른 사람들이 모두 고기를 먹는 걸 보고 그냥 모른 척 외면해야 함을 동시에 습득했다. 대부분 이런 순간이 한 번쯤 있었으리라 생각한다.

《아무튼 비건》에서 김한민 작가는 연결감은 타고나는 것이라 어린이들의 세계에선 강아지도 돼지도 똑같은 동물이며 낯섦과 익숙함의 구별은 있어도 차별은 없다고 한다. 하지만 사회는 어린이들에게 타자화를 가르치면서 타고난 연결감을 말살해 버린다. 그래서 모든 연결은 타자화로 인해 끊긴 연결을 회복하는 과정이라고 말한다. 나는 긴 시간 연결이 끊긴 줄도 모른 채 지냈다.

우연히, 어쩌면 필연적으로 비건을 지향하면서 내 삶엔 새로운 지평이 열렸다. 그 전과는 완전히 다른, 끊어진 연결감이 회복된, 말 그대로 신세계였다. 많은 이가 힘들지 않은지 묻지만 나는 새로 만난 세상 덕에 더욱 풍요롭고 행복해졌다. 내 안의 연결감을 찾아가는 과정은 나를 더 단단하게 만들어 준다. 단언컨대 여태껏 내가 한 선택 중 가장 잘한 선택이고 후회하지 않을 결심이다. 내가 만나는 모든 학생이 비건이 되어 나와 같이 되기를 바라며 가르치진 않는다. 다만 학생들이 지닌 연결감이 어린 시절의 나처럼 끊어지지 않기를 바란다.

내가 지향하는 교사의 모습 중 하나는 학생들이 사회의 틀에 갇히지 않고 주체적으로 살아가는 데 필요한 방향키를 제공하는 것이다. 교사로서의 나와 비건으로서의 내가 교차하는 지점이기도 하다. 학생들이 새로운 세상의 존재를 알고, 살면서 마주할 숱한 선택에 내가 건넨 방향키가 조금씩이라도 작동해 주기를 바란다.

동물로서
다시 보기

동물원을 다르게 만나기

흔히 수학여행이라고 불리는 테마식 체험 학습 일정을 정하는 시간이었다. 5~6학년 총 여섯 명이 체험 학습을 갈 예정이었다. 일정은 1박 2일로, 하루는 교사가 원하는 곳으로 하루는 학생들이 원하는 곳으로 여행지를 정했다. 학생들은 가고 싶은 장소를 이야기하고 투표를 했다. 그 결과 1위는 놀이공원이었고, 2위가 동물원, 3위는 수족관이었다.

투표 결과를 보고 나는 고민이 깊어졌다. 동물권에 조금만 관심이 있다면 동물원을 긍정적으로 보기 힘들 것이다. 어느 날 갑자기 살던 곳에서 잡혀 와 좁은 우리에 갇혀 정형 행동을 하는 동물들이 있는 곳. 내게 동물원은 그런 곳이었다. 그런 폭력적인 곳에 학생들을 데리고 가야 하다니……. 하지만 학생들에게 동물원은 다양한 동물을 만날 수 있는 즐거운 곳이었다. 체험 학습 일정을 확정하기까지 많은 생각이 오갔다. 학생들의 선호를 마냥 무시할 수도 없었다. 그러다가 '이번 기회에 동물원에 대해 다시 생각해 보는 계기를 만들어 줄 수도 있지 않을까?' 하는 생각에 동물원으로 결정했다.

체험 학습을 떠나기 전, 먼저 《서로를 보다》와 《내일의 동물원》이라는 그림책을 읽고 영화 〈동물, 원〉을 함께 보았다. 그리고 체험 학습을 떠나 동물원에서 동물들이 어떻게 사는지 살펴봤다. 마지막으로 동물원에 대한 자기 생각을 정리해 글을 쓰는 시간을 가졌다.

《서로를 보다》는 북극곰과 돌고래 등 여러 동물이 자연 속에서 살아가는 모습과 동물원에서 갇힌 모습을 대조적으로 보여 주는 그림책이다. 《내일의 동물원》은 수의사가 동물들이 아픈 이유는 동물원에 살기 때문이라는 사실을 깨닫고 함께 동물원을 탈출하는 이야기다. 하지만 동물들이 원래 살던 곳은 다 파괴되어 돌아갈 곳이 없다는 내용이 이어진다. 학생들은 그림책을 집중해서 봤다. 두 책을 읽고 나서 동물이 원하는 것은 무엇인지, 동물이 원래 살던 곳은 어떻게 됐는지 정리하고, 동물의 입장에서 동물원은 어떤 곳일지 생각해 보도록 했다. 책 내용을 정리할 때는 모두 편하게 이야기했지만, 동물에게 동물원은 어떤 곳일지 이야기할 때는 대부분 조용했다. 어떤 말을 해야 할지 어려워하는 듯했다.

이후 영화 〈동물, 원〉을 감상했다. 이 영화는 서식지 외 보전 기관인 청주동물원의 일상을 보여 주는 다큐멘터리다. 서식지 외 보전 기관은 서식지 파괴, 밀렵 등으로 그곳에서 더는 살기 힘들어진 동물들을 보전하고 증식하는 곳이다. 이 영화는 굉장히 잔잔하다. 학생들이 깔깔대고 웃을 만한 장면도 많지 않고 극적인 부분도 찾기 어렵다. 잠을 자는 학생은 없었지만, 영화를 보는 내내 학생들의 표정에는 변화가 없었다. 영화를 보고 나서 기억에 남는 것을 이야기하는 시간을 가졌지만, 학생들은 쉽게 말을 꺼내지 못했다. 다들 조용히 침묵했고 굉장히 떨떠름한 표정을 지었다.

학생들의 반응을 보고 나는 이 수업이 망했다고 생각했다. 일단 영화가 학생들이 평소 좋아하는 영화와 달리 잔잔했고, 그림책에 대한 반응이 영 시원찮았다. 체험 학습으로 동물원을 가도 그냥 재밌고 신기하다고 생각할 것 같았다. 차라리 조용히 갔다 올 걸, 괜히 이런 수업을 준비했나 후회도 됐다. 무엇보다 체험 학습을 다녀와서 어떤 수업을 해야 할지 고민이 됐다.

그런데 학생들이 쓴 글을 보고 생각이 바뀌었다. 나는 매월 마지막 날에 학생들에게 이번 달 수업에 관한 생각을 물어본다. 재밌었던 혹은 힘들었던 내용은 무엇인지, 혹시 말하지

학교에 비거니즘을

못한 고민이 있는지 등을 묻고 종이에 자유롭게 작성하도록 한다. 동물원에 대한 수업을 했던 달에 학생 대부분이 가장 재밌었던 수업으로 동물원 수업을 적었다. 동물원에 대해서 다시 생각해 보게 되었다면서 말이다.

동물원을 다녀온 후 '동물원은 필요한가?'라는 주제로 주장하는 글을 써 보는 활동을 했는데, 학생들이 진지하게 고민했다는 사실을 글에서 느낄 수 있었다. '동물원이 있어야 한다'와 '동물원을 없애야 한다' 사이에서 갈팡질팡하며 개요를 쓴 학생도 있었다. 또한 동물들이 살아갈 곳이 파괴되어 동물원이 없으면 당장 갈 곳이 없다는 점을 짚고, 그럼에도 지금의 동물원은 동물들에게 스트레스를 주는 공간이기 때문에 보완이 필요하다는 의견도 있었다.

이 수업을 하면서 나는 내가 동물원을 없애면 동물들이 갈 곳이 없을 수 있다는 점을 생각하지 못했다는 사실을 알았다. 애초에 동물원에서 태어나고 자라 야생에서 살아가기 어려운 동물도 많다. 그리고 학생들의 침묵이 꼭 지루하다는 뜻은 아닐 수도 있다는 사실도 알게 됐다. 지금까지 학생들에게 동물원은 여러 동물을 구경하는 즐거운 곳이었다. 동물의 관점에서 동물원을 생각해 보는 게 처음인 학생도 많았을 것이다. 나도 환경이나 동물권과 관련된 다큐멘터리를 보고 나면 한참 생각에 잠기고 멍해지는데 학생들도 그랬겠구나 싶었다. 내가 재미없어하고 지루해했다고 짐작한 표정은 아마도 충격적인 것을 보고 나서 스스로 무슨 말을 해야 할지 생각하는 표정이었지 싶다.

평소에 수업할 때 나는 학생들의 침묵이 굉장히 두려웠다. 내가 무엇인가를 잘못하고 있나 싶어서다. 하지만 이 수업으로 침묵이 덜 두려워졌다. 학생들이 지금 당장 표현하지 않더라도, 수업에 진지하게 참여하고 있을 수도 있다는 사실을 알게 되었기 때문이다.

미디어 속 동물들은 어떤 모습일까?

2021년 비건교사나는냥의 몇몇 선생님과 동물 출연 미디어 모니터링 수업 자료를 만들었다. 이 수업은 동물이 등장하는 여러 미디어 자료를 동물권의 관점에서 살펴보고 동물이 미디어에 출연할 때 지켜져야 할 규칙을 만들어 보는 수업이다. 그리고 실제로 동물이 출연한 미디어가 이 기준을 얼마나 충족하는지를 살피고 소감을 정리한다.

동물 출연 미디어 모니터링 수업 첫 시간에는 학생들에게 정형 행동을 하는 라쿤 영상, 말타기하는 예능 프로그램, 인형뽑기 기계 속에 동물을 넣어 놓은 영상 등을 보여 줬다. 학생들은 이미 인터넷에서 이런 사진과 영상에 많이 노출됐기 때문에 처음에는 무엇이 문제인지 잘 모른 채 재미있어했다. 하지만 동물 카페에서 사는 라쿤이 왜 이런 행동을 하는지 설명하자 학생들의 표정이 굉장히 심각해졌다.

동물의 시각에서 상황을 바라보는 것을 몇 차례 연습하자, 학생들도 점차 적극적으로 의견을 내기 시작했다. 동물을 좁은 우리에 가둬 두고 여러 사람이 만질 수 있게 해 놓는 것이 동물에게 좋지 않다는 점을 서로 대화를 나누며 찾았다. 또 당시 유행하던 고양이를 전화기처럼 들고 있는 영상도 함께 살펴봤다. 학생들은 내가 고양이라면 사람이 자신을 움직이지 못하게 붙잡으면 불편하고 무서울 것이라고 이야기했다. 그러면서 이런 영상을 보는 것을 고민해 봐야겠다고 말하는 학생도 있었다.

하지만 학생들은 말타기 예능 프로그램에서 무엇이 문제인지 곧바로 찾지 못했다. 우리가 함께 본 자료는 아빠와 아이가 함께 말을 타면서 이야기를 나누는 영상이었다. 이 영상을 보며 논의하고 싶었던 지점은 아이가 말을 '내 것', '아빠 것'이라고 부르는 언행이 괜찮은지, 승마 체험 담당자가 줄을 당기거나 놓으면서 말을 통제하는 행동은 문제가 없을지 하는 것이었다.

학생들은 말을 인간의 의도에 따라 통제하는 것은 말의 고유한 습성에 반한 행동이라는 점은 쉽게 이해했다. 하지만 영상 속 아이가 말을 '내 것', '아빠 것'이라고 부르는 것은 문제라고 생각하지 못했다. 동물을 가두거나 움직이지 못하도록 묶어 놓는 것, 밥을 주지 않는 것 등이 나쁜 일이라는 점은 모두 알고 있었다. 그러나 동물에게 직접적인 행동을 하지 않고 동물을 물건으로 생각하고 말하는 것은 무엇이 문제인지 잘 모르는 눈치였다. 동물이 예뻐서 하는 행동을 동물이 좋아하지 않을 수 있다는 점도 잘 이해하지 못했다. 그래서 우선은 사람이 동물에게 단순한 폭력이나 가혹 행위를 하는지, 동물이 불안해 보이는 반응을 보이는지 등 비교적 명확한 사례 위주로 살펴보고 미디어 동물 출연 규칙을 함께 정해 보았다.

비건교사나는냥에서 만든 학습지에는 미디어 동물 출연 기준으로 여섯 가지 예시가 제시되어 있다. 동물이 좋아하는 공간을 제공하고 동물을 괴롭히거나 함부로 하지 않는다, 동물의 감정과 행동을 존중하고 동물을 음식이나 소품으로 사용하지 않는다, 동물에 대한 잘못된 소문을 만들거나 퍼뜨리지 않는다, 동물을 가게에서 사고팔지 않는다 등이다. 학생들은 여기에 동물에게 잔인한 행동을 하는 장면에는 컴퓨터그래픽스(CG)를 사용해야 한다는 규칙을 추가했다. 그리고 이후 실제 자기가 보는 영상이 기준에 부합하는지 확인했다.

이 수업을 어떻게 진행하면 좋을지 고민은 여전하다. 수업 자료를 구성할 때 잔인한 영상은 가급적 피하고 학생들이 생활 속에서 자주 소비하는 영상을 주로 제공하려 했다. 폭력을 가하는 영상은 굉장히 오래 기억에 남는 데다 학생들에게 부정적인 영향을 미치기 때문이다. 그러다 보니 동물을 물건으로 생각하고 말하는 영상을 자료로 사용하게 되었는데, 직접적인 행동이 아닌 인식 차원의 문제는 아직 학생들에게 어려운 듯했다. 언어적, 정서적 폭력은 상대적으로 기준이 모호하고 차별이 가시적으로 드러나지 않아 구분하기 쉽지 않기 때문이다. 또한 학생들은 동물의 고유한 습성도 잘 모르기 때문에 영상 속 동물이 불편해하는 것인지 원래 그런 행동을 하는 것인지 구분하기 어려웠을 수 있다. 이런 것들을 모두 고려해서 더 세심하면서도 효과적인 수업을 꾸리고 싶지만, 아직은 좋은 방법을 마땅히 떠올리지 못했다. 답답하지만 앞으로 고민을 이어 가다 보면 해답을 찾을 수 있지 않을까?

플라스틱에 관하여

죽은 동물 배 속에 플라스틱 조각이 꽉 차 있는 사진, 알바트로스 어미가 플라스틱을 먹이로 착각하고 새끼에게 먹이는 장면, 코에 빨대가 꽂혀 피 흘리는 바다거북의 모습 등을 다들 한 번쯤 본 적이 있을 것이다. 이처럼 플라스틱은 동물들에게 어마어마한 고통을 주고 있다. 비건교사나는냥도 플라스틱이 굉장히 시급한 문제라는 데 공감해 제로 웨이스트 활동지를 만들기도 했다. 한편 비거니즘 실천은 학생들에게 진입 장벽이 높다. 학생들은 자신이 먹는 것, 입는 것 등을 스스로 결정할 수 없을 때가 많기 때문이다. 그래서 플라스틱 이야기로 학생들이 좀 더 쉽게 기후 위기와 동물권 문제에 접근하고, 일상에서 실천할 수 있는 일들을 찾을 수 있도록 '플라스틱 수업'을 기획하게 되었다.

이 수업을 처음 진행할 때 나는 농촌에 있는 학교에서 6학년 네 명과 생활했다. 위성 지도에서 학교를 찾아보면 학교 주변은 죄다 녹색이다. 전부 논이기 때문이다. 편의점이나 병원에 가려면 차로 10분 정도 이동해야 한다. 주변에는 책을 빌릴 곳도 없고, 영화관도 없다. 학생들은 문화생활 대부분을 학교에서 한다. 조건이 이렇다 보니 우리 반 학생들은 6학년이지만 글자가 많은 '두꺼운' 책을 피하고 이런 책을 처음부터 끝까지 읽은 적이 거의 없는 학생도 있었다. 교사와 함께 책을 읽으면서 두꺼운 책도 재미있고 끝까지 읽는 것이 별거 아니라고 생각하기를 바랐다. 그러면서 동시에 환경문제를 다룰 수 있는 책을 찾았다. 바로 《바다의 생물, 플라스틱》이다.

이 책은 '비치 코머'인 저자가 비치 코밍의 방법과 자신이 수집한 해변의 플라스틱 쓰레기를 사진과 함께 설명하면서 플라스틱 쓰레기 문제를 이야기하는 책이다. 플라스틱에 대해 쉽게 설명하고 있어 학생들이 잘 이해할 것 같았다. 또 책에는 그림과 사진이 절반이어서 글자가 많은 책을 읽은 경험이 없

● 바닷가에서 발견하는 물건들이 어디에서 어떻게 왔는지 관심을 두고 수집하는 사람.

는 우리 반 학생들이 부담 없이 읽을 수 있을 듯했다.

　책을 읽기 전, 학생들이 플라스틱에 대해 얼마나 알고 있는지 먼저 정리했다. 플라스틱이 썩는 데 매우 오랜 시간이 걸린다, 가볍고 물에 젖지 않아 사용하기 편하다 등 플라스틱의 특징을 많이 알고 있었다. 하지만 실제로 플라스틱을 분리배출하는 학생은 없었다. 학생들에게 분리수거함 사진을 보여 주고 주변에서 본 적이 있는지 물어봤지만 분리수거함이 어디에 있는지 잘 몰랐다. 플라스틱을 포함한 쓰레기를 어떻게 처리하는지 물어보니 대부분 쓰레기는 마당에서 태우거나 땅에 묻는다고 했다. 매우 놀랍고 당황스러웠다. 이제는 재활용을 위한 분리배출이 당연하게 자리 잡은 줄 알았는데 아직도 쓰레기를 태우다니…….

　하지만 찬찬히 생각해 보니 그럴 수 있을 것 같았다. 학교에는 분리수거함이 있지만, 학교 밖에서 분리수거함을 본 적이 나도 없었다. 마을 회관에 분리배출 시설이 갖추어져 있기도 하지만 사람들이 잘 사용하지 않아 쓰레기 수거가 안 되는 듯 보였다. 게다가 분리배출과 같은 쓰레기 처리는 가정에서 보호자가 결정하고 처리하는 일이기에 학생들이 모르는 것은 당연했다. 《바다의 생물, 플라스틱》을 읽으며 학생들 스스로 일상에서 플라스틱을 얼마나 사용하는지 점검하고 플라스틱 사용을 줄일 수 있는 방법을 찾아보는 활동에 주력했다.

　우선 우리 주변에 플라스틱이 얼마나 많은지 알아보고자

교실에서 플라스틱이 아닌 물건을 찾아보았다. 학생들은 가장 먼저 교실 바닥을 가리켰다. 하지만 그건 나무 무늬가 그려진 플라스틱이라고 알려 주니 모두들 놀랐다. 더욱 꼼꼼히 살피며 플라스틱이 아닌 물건을 찾아보았지만 쉽지 않았다. 지금 앉아 있는 의자, 책상, 옷과 신발, 컵, 컴퓨터, 텔레비전, 휴대전화, 안경까지 이것은 플라스틱이 아닐 거라며 말한 물건들도 결국 플라스틱으로 밝혀졌다. 교실에서 플라스틱이 아닌 것은 정말 거의 없었다. 쌓기나무 블록, 휴지, 연필, 학습지 정도만 플라스틱이 아니었다. 이 활동이 끝나고 한 학생은 '내가 아무리 재활용을 많이 해도 플라스틱이 줄어들지 않을 것 같아 매우 충격'이라고 소감을 적었다.

이후 학생들과 함께 '마을 코머'가 되어 학교와 학교 주변에 어떤 플라스틱이 버려져 있는지 살피고 수집했다. 나까지 다섯 명이 각자 50리터 쓰레기봉투를 들고 한 시간 동안 쓰레기를 주웠다. 학교 근처 300미터 정도만 나갔을 뿐인데 쓰레기봉투 다섯 개가 금세 찼다. 논밭 한구석 쓰레기를 묻어 두는 곳에 신발·비닐·스티로폼·물병 등 여러 플라스틱이 흙과 함께 있었다. 학생들이 가정에서 대부분 쓰레기를 태우거나 밭에 묻는다고 한 것이 생각났다. 이곳의 플라스틱을 정리하자 쓰레기봉투가 가득 찼다. 한 시간 동안 가장 많이 발견한 쓰레기는 비닐과 담배꽁초였다. 비닐류는 농작물을 재배할 때 잡초를 덜 나게 하려고 덮는 멀칭 비닐과 과자 봉지가 많았다.

학교에 비거니즘을

한편 이 책을 읽는 동안 내가 쓰레기를 얼마나 버리는지 점검할 수 있도록 쓰레기 일지를 썼다. 쓰레기 일지는 2021년 비건교사나는냥에서 함께 만든 제로 웨이스트 수업 자료를 활용했다.

첫 시간에 분리배출 방법과 일지 작성법을 안내한다. 일주일 동안 내가 버린 쓰레기의 종류와 개수를 기록하는 일지를 쓴 후 쓰레기를 종류별로 분류해 쓰레기 지도를 만든다. 쓰레기 지도를 보며 내가 줄일 수 있는 쓰레기와 줄일 수 없는 쓰레기를 구분한다. 내가 줄일 수 있는 쓰레기는 어떻게 줄일지, 대체할 수 있는 물건이 있다면 앞으로 어떤 물건을 사용할 것인지 등 계획을 구체적으로 세운다. 이후 매주 목표를 정하고 일지를 쓰면서 목표를 잘 지켰는지 확인하는 방법으로 한 달간 일지를 썼다.

네 명 중 두 명이 한 달 동안 쓰레기 일지를 꾸준히 썼다. 한 학생은 자신이 물티슈를 많이 쓴다는 사실을 알아차리고 줄이겠다고 다짐했다. 실제로 마지막 주에 이 다짐을 잘 지켜 물티슈 버리는 양이 줄었지만, 쓰레기가 전혀 나오지 않을 수는 없어서 아쉬워했다. 다른 학생은 자신이 좋아하는 치즈를 먹을 때마다 개별 포장지가 나온다는 사실을 알게 되었다. 하지만 치즈를 끊을 수가 없다며 힘들어했다. 소비자가 줄일 수 없는 쓰레기는 물건을 살 때 함께 딸려 오는 포장지가 대부분이다. 학생들도 쓰레기 일지를 쓰며 이 사실을 알게 되었다. 이

쓰레기 기록_1일차

날짜/요일	

쓰레기 종류	개수	상세 설명
일반 쓰레기		
플라스틱류		
페트병류		
비닐류		
종이류		
종이팩류		
캔류 (철/알루미늄)		
유리류		
상자류		
스티로폼류		

한 주 돌아보기

느낀 점	

다음 주 목표	유지할 목표	
	새로운 목표	
	활동 목표	

비건교사나는냥 블로그에서 제로 웨이
스트 수업 자료를 다운로드할 수 있다.

에 기업과 국가에 쓰레기가 덜 나오는 방식으로 상품 포장을 바꿔야 한다는 편지를 쓰는 활동을 하기도 했다.

책을 끝까지 다 읽은 후, 어떻게 하면 플라스틱을 줄일 수 있을지 이야기 나누고 글을 썼다. 학생들의 이야기 중 '탈덕'을 하겠다는 내용이 기억에 남는다. 아이돌이나 만화를 좋아하면 여러 굿즈를 수집하게 되는데, 대부분 플라스틱이다. 따라서 탈덕을 하면 쓸데없는 소비와 플라스틱 쓰레기를 줄일 수 있다는 것이다. 하지만 막상 이렇게 쓰고 나니 후회가 된다고 바로 옆에 작게 써 놓았다. 자신이 무언가를 좋아하는 행위가 플라스틱을 만들고 이로써 환경이 오염된다는 사실을 알게 되어 고민이 깊어진 듯했다. 일회용품을 쓰지 않도록 텀블러를 가지고 다니고 수건이나 연필 등이 담긴 가방을 만들어 들고 다니겠다는 학생도 있었다.

그렇지만 여러 해가 지나도 학생들이 극적으로 변화하는 모습을 보기는 힘들었다. 그럴 땐 의기소침해지기도 한다. 하지만 작년에 내가 지도했던 반 학생이 이렇게 말했다. "선생님은 정말 환경보호에 진심인 것 같아요!" 여러 가지 방법으로 비거니즘과 환경을 이야기하는 내 모습을 보며 한 말이었다. 이렇게 가끔 내 말에 동의해 주고 진심을 알아봐 주는 학생을 만나면 힘이 나고 조금 더 해 볼 수 있게 된다.

사람이 하루아침에 바뀌면 탈이 난다고 한다. 벼락 같은 깨달음으로 바뀌는 경우도 있지만, 가랑비에 젖듯 조금씩 바꿰어야 꾸준히 오래 실천할 수 있는지도 모른다. 그런 마음으로, 앞으로도 이렇게 학생들과 함께하는 시간에 비거니즘이 스며들 수 있도록 노력해야겠다.

비건교사나는냥,
짓고 노래하고 고쳐 쓰다

운명 같은 만남: 창작 동화 프로젝트

아프리칸 사파리의 버스에 타고 있던 어린이들의 반짝이던 눈빛이 이따금 떠올랐다. 어릴 적 아무것도 모르고 동물원에 갔을 때의 내 모습 같았다. 그럴 때면 얼른 현장으로 돌아가 어린이들과 만나야 한다는 마음이 들곤 했다. 어린이들에게 뭐라도 말해 주어야 할 것 같았다. 그렇게 조급함을 느끼며 내가 당장 할 수 있는 것이 무엇일지 고민했다. '비거니즘을 담은 동화를 만들어 볼까?' '노랫말을 붙여 동요를 만들어 볼까?' 하며 메모장에 아이디어가 떠오를 때마다 하나씩 끄적였다.

그러던 중 운명처럼 '비건교사나는냥'이라는 단체를 만났다. 마침 얼마 전 넷플릭스에서 〈보건교사 안은영〉 시리즈를 본 터라 더욱 운명처럼 느껴졌다. 코로나19 때문에 모임은 온라인으로 진행되었다. 그 덕분에 캐나다에 살고 있는 나도 참여할 수 있었다. 모임에는 신기할 정도로 나와 비슷한 마음을 가진, 내가 생각해 오던 것을 원하는 사람들이 모여 있었다. 다들 학교에서, 가정에서, 그 외 자신의 자리에서 비거니즘을 실천하고 그것을 알리고자 각자 노력하고 있었다. 마음 맞는 사람들이 모이자 재밌는 프로젝트 아이디어가 줄줄이 나왔다.

나는 우선 현장에 있지 않아도 어린이들과 만날 수 있는 프로젝트들에 참여했다. 책을 통해 어린이에게 닿을 수 있기를 바라며 비거니즘 동화 제작에 동참했다. 다른 사람들과 연결되어 함께 생각을 나누자 혼자서 생각만 하던 것들을 드디어 실천에 옮길 수 있게 되었다.

프로젝트에 참여하자 답답하고 조급했던 마음을 조금이나마 해소할 수 있으리라는 예감이 들었다. 얼른 동물의 목소리를 담은 이야기를 만들어 어린이들에게 들려주고 싶었다. 아프리칸 사파리에서 내가 본 것을, 같은 버스 안에 있던 어린이들은 보지 못하고 있던 것을 알려 주는 동화를 쓰기로 마음먹었다. 우리에 갇힌 동물들을 보며 환호하는 어린이들에게 들려줄 슬프고도 불편한 사실을 책에 담기 시작했다.

하지만 얼마 지나지 않아 창작을 너무 쉽게 생각했다는 사실을 뼈저리게 느꼈다. 분명 전하고 싶은 이야기가 많고 기

발한 아이디어도 여럿 나왔지만 우리가 알리고 싶은 동물원의 현실을 너무 자극적으로 그려 내서도 안 되었고 또 미화해서도 안 됐다. 모임 구성원들도 모두 동화 창작이 처음이다 보니 이리저리 흔들리는 여정을 이어 나갔다.

직접 동화를 쓰는 일은 자신과의 싸움의 연속이었다. 각자 전하고 싶은 이야기를 쓴 후, 매주 모임 날에 서로 피드백을 주고받으며 동화를 수정해 갔다. 이 동화들을 세상에 내보여 어린이들에게 읽히겠다는 일념으로 함께 힘을 내 작업했다. 그렇게 겨우 동화의 이야기를 만들었다. 그러나 이것은 시작에 불과했다.

내용은 준비가 되었으니 이제 동화책에 들어갈 그림을 그려야 했다. 평소 취미로 그림을 그려 왔던 터라 부담은 없었다. 그저 내 그림으로 책을 만든다는 사실에 설렜을 뿐이다. 태블릿으로 그림을 그리기로 결정한 나는 동영상 시청용으로만 사용하던 태블릿이 처음으로 새로운 용도로 쓰이기 시작해 기뻤다. 하지만 곧 이 설렘이 나의 오만이고 경솔이었음을 깨달았다. 처음으로 써 보는 '크리에이터'라는 앱과 태블릿 펜은 나를 여러 번 좌절하게 했다. 손으로 그리는 것보다 쉬울 것으로 예상했는데 역시 쉬운 것은 아무것도 없었다. 패드 작업이 어색해 처음엔 하루에 네다섯 시간 작업하고도 겨우 동물 두세 마리 그린 게 전부였다. 태블릿은 재료 없이 쉽게 그리고 쉽게 지울 수 있다는 장점이 있지만, 바로 그 점 때문에 내가 만족

할 때까지 다시 그리고 지우는 것을 반복했다. 처음 시도해 보는 태블릿 드로잉을 잘할 리 없었기에 무한 반복의 굴레에 빠졌다. 게다가 책을 만드는 일이라는 부담감이 더해져 그리고 다시 그렸다.

그해 여름, 한국에 휴가차 방문한 동안에도 그림을 그렸다. 그러다 목 디스크 판정을 받았는데 목베개를 목에 둘러 목을 고정한 후 다시 그림을 그렸다. 다들 매일 열심히 작업해 오는 모습을 보니 나도 열심히 하지 않을 수 없었다. 심지어 정아 님은 인디자인 사용법을 온라인 강의로 익혀 출판에 필요한 기술들을 우리에게 족집게 과외처럼 가르쳐 주었다.

모임을 시작한 지 7개월, 세 권의 책이 세상에 나왔다. 그중 《날개 공장 공장장 공작새》는 아프리칸 라이언 사파리에서 만난 코끼리를 떠올리며 쓴 책이다. 코끼리 쇼를 하는 주인공 코코와 동물들이 동물원에서 살아가고 있다. 그러던 어느 날 영웅처럼 등장한 날개를 만드는 공작새가 동물들의 해방을 돕는다. 판타지적 요소를 넣어 어린이들이 즐겁게 읽을 수 있도록 하면서도 동물의 입장에서 생각해 볼 수 있도록 전시되는 동물들의 목소리를 최대한 담았다. 사파리 버스에서 만난 어린이들에게, 어릴 적 내게 들려주고 싶은 이야기다.

《양송이와 양동이, 건강 검진 하는 날》은 고양이 두 마리와 함께 살고 있는 양정아 님의 작품으로 반려동물의 의미를 성찰하는 책이다. 반려동물은 귀엽다고 사고, 싫증이 났다고

날개 공장
공장장
공작새

글/그림 김수연

양둥이와 양둥이,
건강 검진 하는 날

글/그림 양경아

글/그림 고자연

오늘 뭐 먹었어

비건교사나는냥의 창작 동화

쉽게 버려도 되는 존재가 아닌 가족 공동체 안에서 끝까지 책임지고 존중해야 할 존재임을 이야기로 풀어냈다. 평소 채식 도시락을 부지런히 싸고 공유하고 있는 고지연 님은《오늘 뭐 먹었어?》에서 우리가 먹는 음식을 들여다보면 볼 수 있는 비인간 동물들의 고통과 슬픔을 그려 냈다.

원하는 대로: 비거니즘 창작 동요

열정이 넘치던 나는 창작 동화 프로젝트와 동시에 창작 동요 프로젝트도 제안했는데 감사하게도 여러 선생님이 참여해 주셨다. 음악의 힘을 빌려 비거니즘을 널리 알리고 싶었다. 노랫말이 어린이들에게 가닿아 많이 불리기를 바라는 마음 하나로 우리는 매주 모여 가사를 썼다 지우기를 반복했다. 열심히 쓴 가사를 덮어 두고 매번 새로운 가사를 쓰기가 쉽지만은 않았지만, 최초로 탄생하는 비거니즘 동요이니 아주 잘 만들고 싶었다.

그러나 가사를 쓰는 일부터가 좀처럼 쉽지 않았다. 내용이 너무 어둡지는 않을지, 단어가 너무 어렵진 않을지 등 고려해야 할 것이 많았다. 공장식 축산, 동물 착취와 같이 어둡고 무거운 이야기를 어떻게 하면 어린이들이 거부감 없이 받아들이고 재밌게 부를 수 있을지 고민했다. 어른인 우리가 쓰는 가사에는 자꾸 동물들이 고통받는 현실을 고발하려는 마음이 드러났다. 아무래도 오늘날 인간 중심적 사회에서 착취당하는 동물들을 떠올리면 희망적인 가사를 쓰기가 어려웠다. 그러나 어린이들은 너무도 결백했고 동물들의 자유를 뺏은 것은 어른들이기에 어린이를 위한 노래에 동물의 고통에 대한 가사를 담는 것은 말이 안 됐다. 잘못은 어른들이 하고 어린이들에게 동물의 고통을 노래하라고 할 순 없었다. 결국 우리는 가사 집필을 잠시 중단하고 이 동요를 만들려는 목적과 가사의 방향을 다시 정하는 시간을 가졌다.

동요의 방향을 재점검하며 공장식 축산, 동물 전시 등의 착취 문제와 동물 해방을 어린이의 시각에서 써 보기로 했다. 어린이라면 동물에게 어떤 말을 하고 싶을까? 우리는 어린이가 동물에게 말을 거는 형식으로 가사를 쓰기로 결정하고 어린이가 축사에 갇혀 있는 동물, 착취당하고 있는 동물에게 무슨 말을 하고 싶을지, 무엇을 해 주고 싶을지 생각하며 가사를 다시 써 내려갔다.

(1절)
더럽고 네모난 좁은 철창 속
깜깜한 어둠 밖 한 발 내밀면
눈부신 햇살과 화사한 달빛
궁금한 온 세상 널 비출 거야

(2절)

온몸이 소란해 움츠린 날들

마음이 아파서 맴돌던 밤들

유리 벽 너머로 날려 보낼래

산 들 강 바다가 너의 방이야

(3절)

너의 깃털이 널 날게 하고

너의 털옷은 따뜻하게 해

너의 모든 건 너의 것이야

맘대로 가져갈 수 없는 거야

(후렴)

달려가 날아가 원하는 대로

모두가 원하던 자연 속으로

달려 봐 느껴 봐 푸른 초원을

날아 봐 즐겨 봐 푸른 하늘을

느끼는 모두를 사랑할 거야

느끼는 우리로 살아갈 거야

느끼는 모두를 사랑할 거야

느끼는 우리로 살아갈 거야

– 동요 〈원하는 대로〉 가사 전문

학교에 비거니즘을

가사를 다 쓰고 나자, 멜로디를 입히는 일이 기다리고 있었다. 이 노래가 〈문어의 꿈〉이나 〈사랑을 했다〉처럼 어린이들에게 많이 불리기를 바라는 거창한 꿈을 품고 멜로디를 만들어 갔다. 동요 제작에 참여해 본 적이 있는 이수리 선생님의 도움으로 멜로디를 악보로 옮기고 반주 음악을 만들었다. 그리고 뮤지션으로 활동하고 있는 포사 님의 도움을 받아 직접 녹음과 믹싱까지 마쳤다. 마침 한국에 휴가차 들어와 있어서 나 또한 동요 녹음에 참여할 수 있었다. 마지막 마스터링 작업은 전문가에게 맡겼지만 비건교사나는냥이라는 모임이 없었다면 불가능한 프로젝트였다. 이렇게 많은 분의 도움과 노력 끝에 탄생한 동요 〈원하는 대로〉는 2021년, 세계 인권의 날인 12월 10일 12시 10분에 맞춰 유튜브에 발표했다. (248쪽 QR코드 참고)

동물권의 관점에서 동화를 다시 쓰다

비건교사나는냥은 지금도 현장에서 사용할 수 있는 여러 콘텐츠를 개발하는 데 힘쓰고 있다. 최근 진행한 프로젝트 중 하나는 오래전부터 읽혀 온 전래 동화와 세계 명작 동화를 개작하는 것이다. 누구나 한 번쯤은 들어봤을 유명한 동화들이라 문제가 될 지점이 있으리라고는 생각해 본 적이 없었다. 그러나 성인이 되어 읽어 보니 어째서 이제야 고통받는 동물들이 보이는지, 동화 속에서 너무도 많은 비인간 동물이 인간의 욕심에 의해 무고하게 죽거나 희생당했다. 물론 끝에는 '인과 응보'라는 교훈을 주지만 '굳이 동물이 죽어야만 이러한 교훈을 줄 수 있는 걸까?' 하는 의문이 들었다. 그뿐만 아니라 현시대에 맞지 않는 차별적인 태도 또한 만연해 불편한 점이 여럿이었다.

프로젝트 팀원들은 각자 개작할 동화를 정하고 불편하게 느꼈던 부분들을 고쳐 나갔다. 나는 전래 동화 중 《말하는 남생이》의 남생이를 살리기로 결정했다. 그 이유는 여러 가지가 있었다. 동화는 숲에 나무를 하러 간 나무꾼이 말하는 남생이를 발견하는 장면으로 시작하는데, 나무꾼이 남생이의 의견을 묻지도 않고 남생이를 시장으로 데리고 가는 모습이 첫 번째 이유였다. 동물의 거주지를 옮기는 것은 명백히 동물들의 권리를 침해하는 행위인데 나무꾼의 이 행동이 아무렇지 않게 그려져서 마음이 불편했다. 게다가 시장에서 말을 하며 재주를 부리는 남생이 덕분에 나무꾼은 손쉽게 돈을 벌게 되는데 이것이 마치 동물원에서 재주를 부리는 동물들 같아 안타까웠다. 재주는 남생이가 부리고 돈은 나무꾼이 벌다니. 비록 동화 속에서는 남생이가 자신이 원해서 말을 하고 사람들의 이목을 끌지만, 마치 동물 전시를 정당화하는 것처럼 느껴졌다.

마지막으로 가장 마음이 아팠던 부분은 욕심 많은 나무꾼의 형이 남생이를 대하는 태도였다. 형은 남생이를 돈 버는 도구처럼 여겨 동생에게서 남생이를 빼앗아 시장으로 데려간다. 남생이는 말도 할 수 있는데 동생도 형도 남생이의 의사는 물어볼 생각이 전혀 없다. 게다가 남생이가 말을 하지 않고 자신이 원하는 대로 되지 않자, 형은 남생이를 내동댕이쳐 죽인다. 물론 형의 이런 행동은 모두가 명백히 잘못된 행동이라는 것을 알 수 있지만 내가 주목한 부분은 달랐다. 개작하는 동화에서는 남생이에게 좀 더 선택권을 주기로 했다. 현실에서는 불가능한 일이지만 동물들이 자신의 목소리를 낼 수 있길, 그들의 권리가 존중받길 바라는 마음으로 동화를 다시 썼다.

우선 동화의 제목을 '말하는 남생이와 흥부 놀부'로 바꾸고 등장인물을 조금 수정했다. 형은 강하거나 욕심이 많고 동생은 약하거나 착하다는 일반화의 오류와 편견을 최소화하고자 흥부와 놀부라는 익숙한 인물로 대신했다. 개작한 동화에서 남생이는 자신의 목소리를 가지고 있고 주체적이다. 남생이는 나무꾼의 지게에 올라타 시장에 따라가는 것을 직접 선택한다. 그리고 원작에서처럼 나무꾼의 말을 따라 하기만 하는 것이 아니라 자기 생각을 표현한다. 흥부 또한 자신을 따라온 남생이를 숲으로 다시 돌려보내 주며 동물의 서식지를 존중하는 모습으로 그려 냈다. 반면 놀부는 남생이를 가두고는 도구처럼 이용하려 하는데, 그 모습을 흥부의 행동과 대비해 동물 전시의 문제점과 동물 존중의 메시지를 강조했다.

〈말하는 남생이와 흥부 놀부〉와 함께 다른 동화도 개작되었다. 물살이와 반려동물의 삶을 알아볼 수 있도록 고쳐 쓴 〈개와 고양이 이야기〉, 생김새로 차별을 받던 '미운 아기 오리'가 자신의 개성을 알아차리고 존중에 대해 깨달아 가는 여정으로 수정된 〈미운 아기 오리〉, '황금알'을 낳는다는 이유로 도구처럼 취급되던 거위가 알을 빼앗기지 않으려고 떠나는 이야기로 탈바꿈한 〈복덩이와 황금알〉, 꼬마 돼지의 시선으로 바라본 삼림 파괴와 공장식 축산을 담아 현대판 잭과 콩나무 이야기로 개작한 〈꼬마 돼지 잭과 콩나무〉. 이렇게 총 다섯 개의 작품은 오디오북 형태로 제작해 비건교사나는냥 유튜브에 업로드했다.

오늘도 어린이와 동물 곁을 걷는 비건교사나는냥

다시 유치원 현장으로 돌아가게 되었을 때, 어린이들에게 직접 비거니즘 이야기들을 들려줄 생각에 설렜다. 하지만 막상 현장에 가 보니 어떻게 하면 어린이들에게 죄책감이나 큰 충격을 주지 않고 현실을 잘 전달할지, 보호자들은 어떻게 받아들일지 등 고려해야 할 것이 많았다. 당시 나는 캐나다에서 겨우 1년 차 교사였기에(지금은 2년 차다) 더욱 조심스러웠다. 들려주고 싶은 이야기가 많은데 하지 못하니 아쉬움이 쌓여 갔다.

요즘 나는 일상에 비거니즘을 최대한 녹여 존중을 가르치려 한다. 이 세상에 존재하는 모든 생명을 존중하는 방법을 알려 주려 노력 중이다. 예를 들어 교실로 무당벌레가 한 마리 들어왔을 때에는 조심스레 종이에 올려 밖으로 날려 보내고, 또 다른 곤충이 들어왔을 땐 바깥 놀이 시간이 될 때까지 기다렸다가 밖으로 내보내는 것이다. 아무리 작을지라도 동물들에게도 우리처럼 가족과 집이 있다는 것, 그들도 고통과 슬픔을 느낀다는 사실을 이야기해 주면서 말이다.

어린이들에게 이런 이야기를 하며 가장 자주 느낀 것은, 내가 굳이 세세히 설명하지 않아도 어린이들은 이미 알고 있다는 점이다. 하루는 동물 관련 영상을 시청하던 중, 영상 속 동물들이 점점 사라져 간다는 사실을 알게 되었다. 영상에서는 사람들이 사냥을 많이 해서 그렇다고 설명했다. 어린이들이 혹시 인간의 야만에 충격을 받을까 조금 걱정이 되었다. 시청이 끝난 후 조심스럽게 사라져 가는 동물에 대한 생각을 물어보자 한 어린이가 이렇게 말했다. "우리는 지구에 사는 모든 동물을 보호해야 해. 우리는 언젠가 그들을 만나고 싶기 때문이지!"

콩 심은 데 콩 나고 팥 심은 데 팥 나듯, 동물의 목소리가 지워진 환경에 노출된 어린이는 동물에 대한 감수성을 갖기 어렵다. 코끼리 쇼를 보며 환호하던 어린이들은 명백하게 동물들의 목소리를 듣지 못하고 있었다. 안타깝게도 우리 주변

곳곳에는 동물들의 목소리가 소거되어 있다. 그렇기에 동물들의 고통을 보지 못하는 어린이나 어른을 비난할 것이 아니라 그들이 제대로 볼 수 있도록 돕는 게 우선이라는 생각이 든다.

비건교사나는냥은 동물들의 목소리가 잘 들릴 수 있게 하는 콘텐츠 제작에 힘쓰고 있다. 많은 교육자, 양육자가 교육 및 양육 현장에서 쉽게 활용할 수 있는 콘텐츠들이다. 제로 웨이스트와 동물 대상화에 대한 비거니즘 동아리 활동 자료는 현재 비건교사나는냥 블로그에서 무료로 배포 중이며, 블로그에서는 여러 가지 교육 콘텐츠 리뷰와 그 외 비건교사나는냥의 소식을 접할 수 있다. 현재는 카카오톡 오픈 채팅방을 열어 여러 사람과 의견을 주고받고, 종종 이야기 모임을 열어 다양한 고민을 나누며 소통하고 있다. 여러 교육자, 양육자 들과의 소통과 연대가 있어야 더 많은 비거니즘 새싹이 자랄 테다. 그러니 희망을 품고 오늘도 비건 콩들을 한 알 한 알 열심히 심어본다.

부록

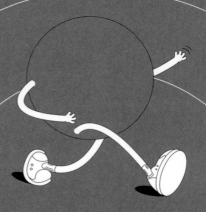

함께 보면 좋을 비거니즘 · 동물권 콘텐츠

비건교사나는냥 제작 콘텐츠

저자 소개

함께 보면 좋을
비거니즘 · 동물권 콘텐츠
(가나다순)

1. 유아(0~6세)

비거니즘, 동물권

《V is for Vegan》, Ruby Roth, North Atlantic Books, 2013

알파벳과 함께 비거니즘을 알아 갈 수 있다. 영어에 관심 있는 어린이와 양육자에게 추천.

《괴물들의 저녁 파티》, 엠마 야렛 지음, 이순영 옮김, 북극곰, 2019

괴물들의 저녁밥으로 먹힐 위기에 놓인 꼬마와 괴물의 이야기. 우리가 먹는 동물을 음식이 아닌 살아 있는 존재로 보는 눈을 길러 준다.

《당근 먹는 티라노사우루스》, 스므리티 프라사담홀스 글, 카테리나 마놀레소 그림, 엄혜숙 옮김, 풀과바람, 2021

따돌림당할 때도 있지만 자신이 원하는 모습대로 살아가는 채식 공룡 쿵쾅이의 이야기.

《동물도 행복할 권리가 있을까?》, 올라 볼다인스카-프워친스카 지음, 김영화 옮김, 우리학교, 2020

전시 동물, 반려동물, 동물 착취 등 동물권을 종합적으로 다룬 책.

《사라진 저녁》, 권정민 지음, 창비, 2022

음식이라고만 여겼던 것들이 어떤 과정을 거쳐 우리에게 오는지 생각해 보게 한다.

《채식 흡혈귀 딩동》, 임정진 글, 박실비 그림, 이숲아이, 2021

흡혈귀 집안에서 태어난 채식주의자 '딩동'을 위해 딩동의 가족이 채식을 받아들여 가는 과정을 보여 준다.

《채식은 사랑이다》, 루비 로스 지음, 조약골 옮김, 두레아이들, 2013

채식뿐 아니라 전시 동물, 동물 실험까지 동물권에 관한 다양한 주제를 다룬다.

《채식하는 호랑이 바라》, 김국희 글, 이윤백 그림, 낮은산, 2020

사냥을 하는 것보다 맛있는 열매를 요리해서 먹는 걸 좋아하는 호랑이 바라의 이야기.

축산업

《내 이름은 푸른점》, 쁘띠삐에 지음, 노란돼지, 2019

아기 돼지 푸른점의 관점으로 공장식 축산업을 그려 낸 동화책.

《앵커씨의 행복 이야기》, 남궁정희 지음, 노란돼지, 2017

행복한 늑대 앵커 씨가 어느 날 신문을 통해 공장식 축산에 대해 알게 되면서 펼쳐지는 이야기.

《우리를 먹지 마세요!》, 루비 로스 지음, 천샘 옮김, 두레아이들, 2011

공장식 축산, 해양 불법 포획의 실태를 적나라하게 알려 주는 책.

환경, 기후 위기, 멸종

《곰들은 어디로 갔을까?》, 김지은 지음, 노란상상, 2021

세계 곳곳에서 사라지고 있는 다양한 종의 곰을 소개한다.

《굴뚝 이야기》, 리우쉬공 지음, 김미홍 옮김, 지양어린이, 2019

산업이 야기하는 환경문제와 그 해결 방안을 보여 준다.

《괴물들이 사라졌다》, 박우희 지음, 책읽는곰, 2011

히말라야, 북해 등 지구 곳곳의 유명한 괴물의 이야기를 기후 위기 문제와 엮어 소개하는 책.

《나무늘보가 사는 숲에서》, 아누크 부아로베르·루이 리고 지음, 이정주 옮김, 보림, 2014

무분별한 삼림 파괴 문제를 팝업 북으로 표현한 그림책.

《문의파출소》, 홍종의 글, 서미경 그림, 국민서관, 2019

충청북도 청주 문의파출소의 실화를 바탕으로 한 그림책. 멸종 위기 동물과 공존에 대해 생각해 볼 수 있다.

《작은 집 이야기》, 버지니아 리 버튼 지음, 홍연미 옮김, 시공주니어, 1993

시골 언덕이 도시로 변하는 과정을 통해 자연과의 공존을 고민하도록 한다.

2. 초등학교 1~3학년

도서

《고라니 텃밭》, 김병하 지음, 사계절, 2013

인간이 자연에서 고라니와 더불어 사는 방법을 생각하게 하는 책.

《30번 곰》, 지경애 지음, 다림, 2020

기후 위기로 도시에 오게 된 북극곰이 번호를 부여받고 사람들에게 분양되며 펼쳐지는 이야기.

《식빵 유령》, 윤지 지음, 웅진주니어, 2020

길고양이와 식빵 유령의 티격태격을 통해 함께 사는 일에 대해 생각해 보게 한다.

《어느 날》, 방글 글, 정림 그림, 책고래, 2015

어느 날 가족을 잃어버린 동물들이 자기 가족을 찾는 이야기.

《지각》, 허정윤 글, 이명애 그림, 위즈덤하우스, 2022

도로 위에서 아기 고양이를 만나면 어떻게 할까?

《하늘이 딱딱했대?》, 신원미 글, 애슝 그림, 천개의바람, 2019

투명한 유리창에 부딪혀 자유를 빼앗긴 새들의 이야기.

영상

〈나의 문어 선생님〉, 피파 에리치·제임스 리드 감독, 2020

사람과 교감을 나누며 관계를 맺는 문어의 이야기를 통해 물살이에 대한 편견을 깨는 다큐멘터리.

〈지구가 보내는 구조신호 SOS〉, 광주광역시 교육청 유튜브, 2021

기후 위기와 그 해결 방안으로서의 채식을 쉽고
자세하게 알려 주는 교육 영상.

3. 초등학교 4~6학년

도서

《검정토끼》, 오세나 지음, 달그림, 2020

우리가 버린 쓰레기가 어떻게 되는지 살펴볼 수 있는 그림책.

《나는》, 이한비 글, 고정순 그림, 반달, 2022

실험견 비글이 처한 현실을 그려 낸 그림책.

《내일을 바꾸는 작지만 확실한 행동》, 시릴 디옹·피에르 라비 글, 코스팀 트루아 피에스 그림, 권지현 옮김, 한울림어린이, 2018

지속 가능한 내일을 위해 우리가 지금 할 수 있는 건 무엇일까?

《닭답게 살 권리 소송 사건》, 예영 글, 수봉이 그림, 뜨인돌어린이, 2015

빼앗긴 권리를 되찾으려는 동물들의 고발장.

《라이카는 말했다》, 이민희 지음, 느림보, 2007

최초로 우주로 보내진 강아지 라이카는 어떻게 됐을까?

《빙산》, 오세나 지음, 반달, 2019

지구온난화로 빙산이 사라지는 북극에서 살아가는 동물들의 모습을 만난다.

《사마야》, 마리 파블렌코 지음, 곽성혜 옮김, 동녘, 2022

불모의 미래 세계, 생명의 나무를 찾아 떠나는 소녀 사마아의 모험.

《4번 달걀의 비밀》, 하이진 지음, 북극곰, 2023

달걀 난각 번호와 닭의 사육 환경을 생각해 볼 수 있게 하는 책.

《악어 씨의 직업》, 조반나 조볼리 기획, 마리아키아라 디 조르조 그림, 한솔수북, 2017

출근을 준비하는 악어 씨를 따라가면 어디에 도착하게 될까?

《어뜨 이야기》, 하루치 지음, 현북스, 2019

플라스틱이 어떻게 한 섬의 생활 모습을 바꿔 놓는지 알 수 있다.

《우유 한 컵이 우리 집에 오기까지》, 율리아 뒤르 지음, 윤혜정 옮김, 우리학교, 2021

음식을 둘러싼 노동, 환경, 동물권 문제를 두루 살펴본다.

《잘 가, 안녕》, 김동수 지음, 보림, 2016

로드킬을 당한 동물들을 고이 보내 주는 한 할머니 이야기.

《지혜로운 멧돼지가 되기 위한 지침서》, 권정민 지음, 보림, 2016

멧돼지가 왜 인간들이 사는 곳에 오는지 생각해 볼 수 있다.

《태어납니다 사라집니다》, 유미희 글, 장선환 그림, 초록개구리, 2020

인간이 만들어 낸 것과 그로 인해 멸종되는 동식물을 대비해서 볼 수 있는 책.

《테트릭스》, 오세나 지음, 향출판사, 2022

우리가 모르는 사이에 우리가 사는 지구에 어떤 일이 일어나는지 고찰하도록 한다.

《폴리네시아에서 온 아이》, 코슈카 글, 톰 오구마 그림, 곽노경 옮김, 라임, 2019

기후 위기로 물에 잠긴 고향을 떠난 나니의 새로운 환경 적응기.

영상

〈P짱은 내 친구〉, 마에다 테츠 감독, 2008

담임 선생님의 제안으로 돼지를 길러 잡아먹기로 한 6학년 2반 학생들. 학생들의 이야기를 통해 생명과 식생활에 대해 돌아보도록 하는 실화 바탕의 영화.

4. 중학교 1∼3학년

도서

—

《그림자의 섬》, 다비드 칼리 글, 클라우디아 팔마루치 그림, 이현경 옮김, 웅진주니어, 2021

태즈메이니아주머니늑대가 왈라비 박사를 찾아와 악몽을 이야기한다. 어떤 꿈일까?

《나의 비거니즘 만화》, 보선 지음, 푸른숲, 2020

만화로 보는 비거니즘 이야기.

《리와일드》, 니콜라 펜폴드 지음, 조남주 옮김, 나무를심는사람들, 2020

인간에게 퍼진 전염병은 자연에 어떤 영향을 미칠까?

《청소년 비건의 세계》, 박소영 지음, 휴머니스트, 2022

비거니즘을 실천하는 청소년 당사자의 목소리를 통해 다양한 측면에서 비거니즘을 바라볼 수 있도록 돕는 책.

영상

—

〈더 게임 체인저스〉, 루이 시호요스 감독, 2018

근육을 기르고 강해지려면 육식을 해야 한다는 단백질 신화를 깨뜨리는 다큐멘터리.

⟨Let us be Heroes⟩, PLANT BASED NEWS(Youtube), 2018

육식 산업이 건강과 생태계에 미치는 영향을 다양한 사람의 목소리를 통해 전달하며 개인이 할 수 있는 실천을 촉구하는 다큐멘터리(한글 자막 가능).

5. 고등학교 1~3학년

도서

《새들이 모조리 사라진다면》, 리처드 파워스 지음, 이수현 옮김, 알에이치코리아, 2022

멸종된 생명체에게 전하는 사랑과 기적. 비인간 동물과 인간의 관계를 성찰하는 장편소설.

《숨 쉬는 소설》, 최진영 외 지음, 창비교육, 2021

모든 생명이 함께 숨 쉬는 더 나은 지구를 상상하는 이에게 보내는 여덟 편의 단편소설.

《아무도 미워하지 않는 개의 죽음》, 하재영 지음, 잠비, 2023

사랑하는 반려동물로 인해 확장된 세상과 반려동물 산업의 어두운 진실을 마주하는 르포.

《아무튼, 비건》, 김한민 지음, 위고, 2018

비건을 시작하는 이에게 필요한 교과서.

영상

〈몸을 죽이는 자본의 밥상〉, 킵 앤더슨·키건 쿤 감독, 2017

육식이 현대인의 건강에 미치는 영향과 육식에 얽힌 의료, 제약, 식품 산업의 카르텔을 밝히는 다큐멘터리.

〈소에 관한 음모〉, 킵 앤더슨·키건 쿤 감독, 2014

환경 단체조차 이야기해 주지 않는, 공장식 축산업이 지구 환경에 미치는 영향을 고발하는 다큐멘터리.

〈씨스피라시〉, 알리 타브리지 감독, 2021

상업적 어업이 해양 생태계와 환경에 미치는 악영향을 고발하는 다큐멘터리.

6. 비청소년

도서

《날씨와 얼굴》, 이슬아 지음, 위고, 2023

"얼굴을 가진 우리는 가속화될 기후 위기 앞에서 모두 운명 공동체다."

《다름 아닌 사랑과 자유》, 김하나 외 지음, 문학동네, 2019

유기 동물들을 향한 소중한 연대를 실천하려는 이들의 이야기를

학교에 비거니즘을

담은 에세이집.

《동물농장》, 조지 오웰 지음, 도정일 옮김, 민음사, 2001

"모든 동물은 평등하다. 그러나 어떤 동물은 다른 동물보다 더 평등하다."

《무민은 채식주의자》, 구병모 외 지음, 걷는사람, 2018

동물권을 테마로 한 개성적인 초단편 소설집.

《밥을 먹다가 생각이 났어》, 손수현·신승은 지음, 열린책들, 2022

비건으로 살아가는 두 여성의 밥상 이야기.

《정글》, 업튼 싱클레어 지음, 채광석 옮김, 페이퍼로드, 2009

20세기 초 미국 도살장의 실상을 고발하는 장편소설.

영상

〈게리 유로프스키(Gary Yourofsky) 강연〉, 2010

공장식 축산업의 잔혹함과 문제를 통렬하게 비판하는 강연.

〈Land of Hope and Glory〉, Earthlings Ed(Youtube), 2017

영국 전역의 축산업 시설을 잠복 촬영해 축산업의 감춰진 진실을 밝히는 다큐멘터리.

(※잔인한 장면이 포함되어 있어 시청에 유의를 요함.)

비건교사나는냥
제작 콘텐츠

창작 동요

〈원하는 대로〉, 고지연·김수연·베지힐·양정아·이수리·포사 제작

공장식 축산, 동물 전시, 동물 착취, 동물 해방의
이야기를 담은 창작 동요.

창작 동화

《날개 공장 공장장 공작새》, 김수연 지음, 퍼플, 2022

동물원에서 살아가는 동물들이 고통에서 벗어나기를 꿈꾸며 해방
과 자유를 향해 가는 이야기.

《양송이와 양동이, 건강 검진 하는 날》, 양정아 지음, 퍼플, 2021

고양이와 함께 살아가는 어린이와 그 가족의 모습을 통해 반려동

물의 의미를 생각해 보도록 하는 이야기.

《오늘 뭐 먹었어?》, 고지연 지음, 퍼플, 2022

일상 속 음식들을 들여다보며 그 속에 감춰진 비인간 동물들의 슬픔과 고통을 알아 가는 이야기.

개작 동화(오디오북)

〈개와 고양이 이야기〉, 고지연 제작

무엇이든 이루어 주는 보물인 구슬에 밀려 잊힌 물살이와 반려동물들의 삶을 들여다보는 이야기.

〈꼬마 돼지 잭과 콩나무〉, 양정아 제작

꼬마 돼지 잭의 시선으로 삼림 파괴와 공장식 축산을 담은 현대판 잭과 콩나무.

〈말하는 남생이와 흥부 놀부〉, 김수연 제작

동물을 이용해 이익을 보려는 욕심쟁이 놀부의 비윤리적 태도에 대한 동물들의 목소리를 담은 이야기.

〈미운 아기 오리〉, 권현수 제작

생김새로 차별을 받던 '미운 아기 오리'가 자신의 개성을 알아차리고 존중을 배워 가는 이야기.

〈복덩이와 황금알〉, 조소민 제작

'황금알'을 낳는다는 이유로 도구처럼 취급되던 복덩이가 알을 빼앗기지 않으려고 분투하는 이야기.

저자 소개

고지연(1부 3장, 3부 1장 집필)

중학교 교사. 출근 전 어제의 일기를 쓰고 퇴근 후 내일의 도시락을 싼다. 학생들이 읽기와 듣기를 통해 타인에 대해 배우고, 쓰기와 말하기를 통해 공감과 배움을 실천할 수 있기를 바란다. 예민하고 모진 성격을 '건강한 민감성'이라고 말해 준 친구들의 기대에 부응하려고 공부하고 운동한다.

김수연(2부 3장, 3부 6장 집필)

유치원 교사. 어린이들이 자연과 더불어 살아갈 수 있는 세상을 바라며 비거니즘을 실천하고 나눈다. 동물 해방을 염원하며 《날개 공장 공장장 공작새》를 쓰고 그렸고, 개작 동화 〈말하는 남생이와 흥부 놀부〉 오디오북을 제작했다.

박수빈(1부 2장, 3부 4장 집필)

비건이자 환경문제에 관심이 많은 초등학교 교사. 육식에서 채식으로, 맥시멀리스트에서 미니멀리스트로 덜어 내는 과정을 통해 되레 풍요로워진 삶을 즐기고 있다. 매일 만나는 어린이들도 이 즐거움을 느낄 기회를 얻길 바란다.

송현민(1부 4장, 2부 4장, 3부 2장 집필)

고등학교 교사. 비건 교사로서 할 수 있는 일을 하고자 비건교사나냥에서 활동하고 있으며, 페미니스트 교사로서 해야 하는 일을 알기 위해 대학원에서 여성학을 공부하고 있다. 국어 교사로서 하는 일이 별로 없어서 고민하고 있다.

양정아(프롤로그, 1부 1장, 2부 2장 집필)

모든 존재의 '나다움'을 꿈꾸는 비건 지향 페미니스트 직장인. 오랫동안 유치원 교사였지만, 유치원을 그만둔 후에야 비로소 '어린이를 사랑하는 사람'이라고 말할 수 있게 되었다. 어린이를 위한 비거니즘 콘텐츠가 더 많아지길 바라는 마음으로 비건교사나는냥에서 활동 중이다. 《N번방 이후, 교육을 말하다》(공저)를 썼으며, 《양송이와 양동이, 건강 검진 하는 날》을 쓰고 그렸다. https://linktr.ee/paper.yangdung

이수리(1부 5장, 3부 5장 집필)

초등학교 교사. 조용히 홀로 비건을 실천하다가 비건교사나는냥을 비롯한 비건 친구들을 만나서 기쁘다. 비건으로 살며 여전히 여러 불편과 시행착오를 겪지만 계속 실천하고자 한다. 학생을 섣부르게 판단하지 않고 아무도 모른다는 마음으로 바라보며 살펴보려고 노력하고 있다.

이해인(2부 1장, 3부 3장 집필)

채소를 기르고, 갖가지 도시락을 만드는 초등학교 교사. 타자에 닿을 비거니즘의 힘을 믿으며 교실 속에서 생생하게 비거니즘을 나누려 고민한다. 완벽하지 않아도 좋으니 할머니가 되어서도 비건을 지향하고 싶다. 함께 지은 책으로 《사계절 생태 환경 수업》, 《초등 환경 일력 365》가 있다.

학교에 비거니즘을

1판 1쇄 발행일 2024년 4월 29일

지은이 비건교사나는냥

발행인 김학원
발행처 (주)휴머니스트출판그룹
출판등록 제313-2007-000007호(2007년 1월 5일)
주소 (03991) 서울시 마포구 동교로23길 76(연남동)
전화 02-335-4422 **팩스** 02-334-3427
저자·독자 서비스 humanist@humanistbooks.com
홈페이지 www.humanistbooks.com
유튜브 youtube.com/user/humanistma **포스트** post.naver.com/hmcv
페이스북 facebook.com/hmcv2001 **인스타그램** @humanist_insta

편집주간 황서현 **편집** 이여경 임미영 **디자인** 유주현
조판 홍영사 **용지** 화인페이퍼 **인쇄·제본** 정민문화사

ⓒ 비건교사나는냥, 2024

ISBN 979-11-7087-138-5 03370